女が美しい国は戦争をしない

美容家メイ牛山の生涯／目次

JN173656

プロローグ　4
第一章　きれいなものがすき　11
第二章　モダンガール、美容師になる　33
第三章　プロポーズは業務命令？　59
第四章　戦争・おしゃれ・蝶々夫人　87
第五章　戦争の終わり、新たな決意　119
第六章　焼け跡にさす光　137
第七章　ほんとうの美と出会う　163

第八章　〝女のプロ〟になりなさい　187
第九章　余命宣告からの生還　211
第十章　清人とのわかれ、第二の人生　239
第十一章　女はいつも楽しく美しく　269
エピローグ　282
祖母・メイ牛山について　284
謝辞　286
参考文献　287

プロローグ

「長い美容人生を送られてきて、ずいぶんとたくさんのご苦労がおありだったと思うのですが」

八十八歳の誕生日を迎えたばかりのメイ牛山は、にっこり笑って答えた。

「苦労？　苦労なんて、何ひとつなかったわねぇ」

取材者は苦労話を聞きたがる。これまで幾度となく同じ質問を受け、そして同じように答えてきた。苦労などなかった。好きなことをひたすらやってきただけ、と。

取材に訪れた若い女性記者はそれを、長い年月と豊かな経験に培われた、ベテランの謙遜と受け取ったかもしれない。化粧っ気のないその記者は、猫背になってメモを取っている。地味なグレーのスーツ姿、長い髪はきちんとひとつにまとめられている。

——働く女性の、ある典型的なタイプ……肩に力が入っているわね、とメイは思う。

「メイ先生、戦争中は、女性はおしゃれもできず、美容の仕事は立ちゆかなくなったのですよね？」

「そうよ。パーマは禁止。お化粧なんかとんでもない。女はみんな暗い色のモンペをはいたの。ひどい時代だったのよ」

「その後のお仕事の原動力になりましたか？」

「ええ、もちろん。あの戦争が終わって、心の底から思ったわ。さあ、これから日本じゅうの女の人をきれいにしなくちゃってね」

にこっと笑ったメイ牛山の目が、ふと遠くを見つめて輝いた。

焼け野原になった六本木、麻布界隈の風景が、ついこの間のことのように甦《よみがえ》る。いや、それだけではない。

戦前の銀座を闊歩《かっぽ》していた洋装のモダンガールたち。

その憧れの街で美容室を任されて、無我夢中だった日々。

夫と全国を駆け回った新婚旅行。

海外視察に出かけ、ハリウッドの映画スターたちと交流したのは四十年前のこと。

そして、六本木の地に完成させた、夢のサロン。

どの記憶も今、脳裏に色鮮やかな光景となって甦る。まるでメイ牛山という円形画廊があって、さまざまな時代のさまざまな光景が、いずれも「ついこの間のこと」として、ひとしく横一列に壁を飾っているかのようだ。

その壁に今、新しい絵が加わろうとしていた。

一九九九年。二十世紀最後の年が明け、ミレニアムに向けて東京中が沸き立つなか、とりわけ六本木は街の姿を大きく変えつつあった。大規模再開発が四年前から本格化し、昨年末、ハリウッドビューティサロンは、近くのビルの仮店舗にサロンを移したところなのだった。新しい通りが、地下道が、テレビ局の新社屋が、高層ビルやマンションが、これから続々と作られていく。応接室の窓から、街の胎動が伝わってくる。

米寿を迎えたメイは、最新の著書に、こう書いたばかりだった。

――これまで生きてきて、つまらない日なんて、一日もありませんでした。

まったく、それが現在の実感だわ、とメイは思う。

「でも、寂しいですね」

女性記者がぽつりと言った。

「あの素敵なサロンが、再開発で取り壊されてなくなってしまうなんて」

「あら、あなた、寂しいと思う?」

眼鏡の奥の目をくりくりさせて、メイは言った。

「寂しいなんて言わずに、楽しみにしてほしいわ」

ちょっと意外そうな表情になった女性記者に、メイは笑顔で続けた。

「時代とともに、街も、私のサロンも新しく生まれ変わっていくのだもの。八十八歳の私が生まれ変わるんだから、あなたは、あと何十回生まれ変わるのかしら？」

「私？　……ですか？」

「おしゃれは嫌いなの？」

女性記者は、きょとんとした。

「仕事の場に、おしゃれは要らない？　男性に媚《こ》びているようで、なんだか恥ずかしい？」

図星を突かれたようで、彼女は「あっ」と小さく声をあげた。

「口にしたことはないですけれど、ずっと私、そんなふうに考えていたかもしれません」

「おしゃれするというのは、媚びることじゃないのよ。自己満足でもいけないわね。おしゃれは礼儀なの。見る相手にも快いように。それが大事ね」

「……私のこの格好、失礼でしたでしょうか」

「いいえ、とてもきちんとしているわ。あなたのような頑張り屋さんの女性を、私は昔から何人も見てきたわ。真面目で仕事熱心。男に負けじと、二倍も三倍も働いてるのね。でもね、ひとつ言うと、とってもおしゃれで、とっても仕事のできる女性たちも、私は大勢見てきたということなのよ」

「それは」

と女性記者は少々ムキになって言った。

「おしゃれしたって、むだという場合もあります。私みたいに」

　メイは身を乗り出して言った。

「ちゃんと鏡を見ている？　朝、出がけにちらっと見るくらいじゃだめよ。全身が映る姿見で、一度じっくり自分を観察してごらんなさいな。客観的になることが、おしゃれの、つまり礼儀の第一歩。自分の美点を発見して、磨きをかけるのよ。あなたの場合、輪郭がきれいだから、髪はもっと短く、襟足が見えるくらいのショートにしてもいいわね」

「そんな、勇気ありません」

「切ったって、髪はまた伸びるんだから、一度くらい試したって損はないんじゃない？それに眉をしっかり描く方がいいわね。仕事の時は迫力あるメイクが大事よ。目と眉のメイクを強くしてごらんなさい。まわりはもっとあなたに注目するし、自信がついて、もっと楽しく、もっと積極的に仕事ができるようになるはずよ」

「本当ですか？」

　女性記者の目が輝いていた。

「髪はアップにまとめてもいいわね。着物はお好き？　まあ、着ないの？　もったいない！」

　メイの頭の中で、目の前の彼女がくるくると姿を変えていく。

　あれも似合いそう、こうしたら素敵……。

そんなことを考えているうちに、クスッと笑いを洩《も》らしていた。少女めいた、思い出し笑いだった。

「メイ先生?」

「あら、ごめんなさい。私ってまったく若い頃から……ううん、子どもの頃から何も変わっていないんだわって。ふと、そう思ったのよ」

「子どもの頃から変わっていない、と言いますと?」

「私はね、花嫁さんごっこの、お嫁さん役よりも、花嫁の支度をする役がやりたかったの。物心ついた時から、そういう性分だった」

窓の外に、メイ牛山は目を向けた。

「そう……あの時から、ずうっと、そのまま」

生まれ変わりつつある六本木、その喧騒のすぐ向こうに、故郷の空があるようだった。常に「今」だけを生きてきた自分。故郷を想い、郷愁にとらわれ、帰りたいと思うようなことは一度たりともなかった。

けれど今、確かに言える。自分の原点はあそこだった。

山口県のほぼ中央、瀬戸内海に面した塩田《えんでん》の町、防府《ほうふ》。

そこで生まれ育った少女の名は、高根マサコと言った。

少女のころからマサコ（メイ）の
きれいなものへの好奇心は
人並み以上だった

第一章
きれいなものがすき

大正五年　山口県三田尻

——マサコ。——マサコ、マサコ、起きて来んさい。

大おばが呼ぶ声で目を覚ました。家の戸口が開け放たれ、夏の湿った夜気が寝間に忍びこんでいた。

マサコは眠い目をこすりながら戸口に向かった。軒先には大おばとおじいさん、それに名前のわからない近所の人が、息をつめてひっそりと立っていた。

「見ぃさんせ、あの山に、火ぃの燃えとうやろ？」

大おばの穏やかにしわがれた声に、何か鋭いものが混じっていた。マサコは闇に目をこらした。あの山と言われても、月明かりのない夜、視界は空も山もなく墨を張ったような闇でしかない。その中にぽつりと、赤い点のようなものがあった。言われてみればそれが、火が燃えているのに違いない。

「さあ、あの火に向こうてな、拝むっちゃ」

大おばが神妙に目を閉じ手を合わせたので、マサコも小さな手を合わせた。虫の声に混じり、おじいさんの念仏の声が聞こえる。マサコは裸足で、夜露をためたツユクサを踏みしめていた。ままごと遊びの食材だった。花びらを集めて鮮やかな青い汁を搾《しぼ》ってみるのも好きだった。踏まれても踏まれても、朝にはひたむきに咲く小さな青い花が、夜はしぼんでいることを初めて知った。お弔《とむら》いをしているようで、五歳のマサコはしんみりした心持ちになった。

その感慨はまちがってはいなかった。父が死んだのだ。マサコの見た火は、寺の焼き場で父の遺体を焼く火だったのだ。

父の命を奪った腸チフスは、コレラ、赤痢とともに、明治の初めから日本中をおびやかしてきた伝染病だった。父が亡くなったこの年、大正五（一九一六）年は、明治十九（一八八六）年の大流行の年に次いで、全国の死者数が一万人を超え、再び猛威のきざしを見せ始めた年でもあった。

高根家では数年前、マサコの三歳下の弟、登がまず罹《かか》った。母のテイが罹った。二人がからくも回復し、退院してきた日には、父は飛び上がるほど喜んだ。三月に妹の常子が生まれ家族が増え、塩田で働く父は、ますます仕事に精を出していた。ところがその父が思いがけず発症した。子どもたちはそれぞれ近隣の親戚に預けられ、母は乳飲み子の世話をしながら病院に通った。しかし看病の甲斐なく、父は逝った。あまりにもあっけなく、消えるようにいなくなってしまった。

マサコにはまだ理解できていない。ただ、母が迎えに来てくれたことが嬉しい。

「お母さん、登は何しよる？」

「ヨシ姉さんと一緒に留守番しよるよ」

早く弟と姉に会いたくて、マサコは小走りになった。

石造りのらんかん橋を渡りきり、振り返ると、母は橋の中央に立ちつくしていた。

盛夏の青い空、白い雲の下。石炭を積んだ船が眼下をゆるやかに進んでいく。人工の川に囲まれた三田尻《みたじり》塩田は、マサコの視界のずうっと先まで果てしなく続いているようだった。陽炎《かげろう》の立つ塩田で、今日も働く男たちがいる。赤銅色に陽に焼けた屈強の男たち。防府で生まれ育った者もいれば、岡山や広島、九州から流れてきた者もいる。辮髪《べんぱつ》の男は中国の人だろう。朝鮮から渡って来た人々も大勢いる。国の分け隔てなく、男たちはみな力を合わせ黙々と働いている。

あの中に、今も父の姿が見えはしまいか。

「お母さん、あすこにお父さん、おるね？」

マサコがそう言うと、赤ん坊をおぶった母は、彼方を見つめて答えた。

「ああ、……きっと、おるわねえ……」

働き手の夫、治右衛門を亡くし、二十八歳で後家になったテイに、悲しみにくれる暇はなかった。涙など一滴も出なかった。野辺送《のべおく》りのさなかにも、子どもたちの行く末で頭がいっぱいだった。が、今になって、預けていた子どもたちを迎え歩いては、ふと立ち止まってしまう。

人足ひとり消えたところで塩田の作業は滞ることもない。夫の死は、世間にとってちっぽけなものだった。テイはそのことを実感しているのだった。

三田尻の塩の歴史は古い。瀬戸内沿岸で塩焼きが行われた古代に始まり、江戸末期には塩田の総面積およそ三百五十町歩（一町は約一ヘクタール）、浜人と呼ばれる塩業家は二百軒を超えるまでになった。明治三十八（一九〇五）年に塩の専売制度が施行され、マサコの姉が生まれた明治四十二（一九〇九）年、旧防府町の中関《なかのせき》に専売局製塩試験場が置かれると、治右衛門は塩田を借り受けてよく働いた。


——ヤーレ　朝も早よからヨー　浜引《はまびき》ヤレひいて　黒い土からヨー　ヤーレ塩をとる

「浜子うた」は父たちの労働歌だった。冬のあいだ荒れ放題だった塩田を、金子《かなこ》という六本歯の農具で起こしながら歌われる。町に春の訪れを告げる歌でもあった。

それから夏、秋にかけて、砂撒き、海水撒き、塩釜での煮詰め作業、担桶《たご》を天秤がけに運ぶなど、塩づくりの重労働が続く。

ここで働くたくましい男にも、病は容赦なく襲いかかったのだ。

「帰ろう、お母さん」

マサコの声に、テイははっとした。

「早《は》よ、帰ろ。姉さんと登が待っとるんじゃろ」

テイの背で、おしめを濡らした常子がむずかり始めている。

「それいのぉ、早よ帰ろな。ひさしぶりに、みんなでごはん食べよなぁ」

テイはマサコの手を引いて歩き始めた。

母の覚悟

マサコは弟の登と久しぶりに会えたのがうれしくて、子犬のようにじゃれ合った。物静かな姉のヨシは、母の代わりに妹をあやしていた。

テイは庭で洗濯をしながら考えていた。

夫の弟に言われたことだ。

「女手ひとつで四人の子はさすがに大変じゃろう。ふたり分けて、うちに預けるとええ」

紺地に千鳥の浴衣の裾をはしょり、たらいに向かっている母の後ろ姿は、幼いマサコの目にとても美しく映っていた。自分たちのことで悩みを抱えているなどとは、思いもよらなかった。

「ヨシ」「マサコ」「登」

新聞紙のふちに三人の子の名を書き、テイは夜更けにため息をついた。マサコと登は仲よしだから引き離しては酷だし、登がひとりになるのも不憫《ふびん》だし……。

ふと目を覚ましたマサコは、襖《ふすま》の向こうの母の猫背を不思議に思った。

「お母さん、何しちょる?」

何でもないよ、と言いながら、テイは新聞をたたもうとした。そのとき、求人広告の文言が目に飛びこんできた。

事務員募集、男女不問、柏木《かしわぎ》体温計。

テイの目が輝いた。

「働けばええ……これからだ、何もかも、これから……」

母の背筋はいつものようにピンと伸びていた。

「マサコ。母さん働くからな。ええな? さあ、みんなで頑張ろうな。いいか、マサコ。人間は、正直でありさえすれば、最後は勝利するんじゃ」

わからないなりにも、マサコはこっくりと頷《うなず》いた。

山の方から聞こえるのは狼の遠吠えだろうか。声が声を呼び、遠吠えの合唱になっていく。狼は群れるから、出くわしたら命はないと大おばから聞かされ、震え上がったことがあった。今夜のマサコは、ちっとも怖くなかった。

その年、多々良《たたら》山のふもとに毛利家本邸が完成した。江戸時代の様式を取りいれた近代建築に木曽の檜《ひのき》、屋久島の杉など最高の木材が使用され、広々とした回遊式の庭園は、東京から呼んだ一流の庭師の手になるものだった。立案から二十数年。日清・日露戦争で着工は延期された。毛利家にゆかりの深い政治家・井上馨《いのうえかおる》は、この地を選んだ主導者だったが、昨年、完成を見ずに亡くなった。

中関尋常高等小学校に入学したマサコは、旧藩主の毛利氏のこと、菅原道真公の話を通して、歴史ある地に生まれたことを学校で教わった。菅原道真公にまつわる古い記録はこのようなものだった。

道真公が太宰府《だざいふ》に左遷《させん》される道中、舟は山口の東部の勝間《かつま》の浦《うら》に着いた。道真公は人々に温かくもてなされ、まだ京とは地続きのこの地に心を残して、「願わくは居をこの所に占めむ」と言い、出発した。公が太宰府で亡くなると、海上に神光が光り、山の峰に瑞雲《ずいうん》がたなびいたという。それで太宰府天満宮よりも、京都の北野天満宮よりも早く、この地に社が建てられた。マサコたちが天神さまと呼んでいる、松崎の社（のちの防府天満宮）がそれだった。

歴史の懐《ふところ》で育ちながら、マサコは新しいものにとりわけ敏感な少女だった。新聞広告で見る「資生堂」の化粧品。活動写真で人気の「目玉の松ちゃん」こと尾上松之助《おのえまつのすけ》。消防署で働くおじが街角に設置した真っ赤な火災報知器。そのおじが庭に植えたレモンの樹。

隣の徳地町《とくじちょう》に来たシンガーミシンの講習会。そして、開通したばかりの防石鉄道。危ないので近づかないようにと、家でも学校でもきつく言われていたが、マサコは興味津々だった。

「登、陸蒸気《おかじょうき》、見に行くか？」

「行く！　行く！」

高台から見るなら叱られまいと、マサコは弟と丘に登った。線路のずっと向こうから、もくもくと黒い煙を上げてやって来る。ふたりは手をつなぎ、そのすごい迫力に息を飲んだ。防府の町は、工業の町に変わりつつあった。

テイが働き始めた「柏木体温計」もまた進取《しんしゅ》の気風に富んだ会社だった。ドイツで開発されていた留点《りゅうてん》体温計――身体から離しても水銀の目盛りが維持できる体温計を、社長の柏木幸助《こうすけ》は独自に輸入し、研究を重ね、日本で初めて製造に成功、これから海外輸出にも乗りだそうという勢いだった。

そんな会社の事務員となったテイは、並みの男性社員以上の働きを見せた。

もともと達筆だった。女に読み書きできるのが珍しがられる中で、テイは出色の存在で、村の催しがあれば書家として重宝がられていた。

会社ではまず、宛名書きや祝儀、不祝儀の金封の上書きを一任された。人手が足りなければ配達にも行く。てきぱきと説明する。細やかに気がまわるので、あっという間になくてはならない存在となった。子どもを連れて、実家に身を寄せた時に「女が外で働くなんて」と反対した祖父は、何も言わなくなり、孫教育に徹した。

事業を興《おこ》そうとして失敗し、農業を始めた祖父は、とにかく「働け」というのが口癖で、マサコたちにも容赦なく、厳しく家のことをしつけた。

それはまた特別なことでもなかった。マサコの友だちに、家の手伝いを優先する子は当たり前にいた。

「学校で勉強しちょるほうがずっと楽じゃ」

一番の仲良しのマーちゃんは荒物屋《あらものや》の長女で、そんなことを言いながら、家や店の仕事をよく手伝っている。こういう子がマサコは好きだった。

「なあマーちゃん、箒《ほうき》はどうやったらじょうずに使えるんかの?」

掃き跡の筋を地面に残すなと祖父は叱るのだが、いくら手本を見せられても、マサコは同じようにできない。

「そりゃあマサコちゃんは小《ち》っさいんだもの、どだい無理っちゃ」

マーちゃんは笑った。小柄なマサコは竹箒の半分ほどの身体でも諦めず、来る日も来る日も庭掃除をした。学年が上がるにしたがって、背丈がぐんと伸びることはなかったものの、箒の使い方は完璧になっていった。

朝は誰よりも早く起きて竈《かまど》に火を入れる。雨戸を開けて庭に出ると、まだ仄暗《ほのぐら》い空に、陸蒸気の汽笛が響く。朝刊は東京で自動車が走り始めたことや、上野公園でわが国初めてのメーデーが行われたこと、「トーキー」という、セリフ音声つきの活動写真の話題を伝えていた。

アメリカで成功した早川雪洲《はやかわせっしゅう》という日本人俳優が一時帰国したことも話題になった。因習にとらわれない人々が「大正っ子」と呼ばれ、世間の出来事は日々スピードを上げていく。のどかな防府に暮らすマサコには、ずっと遠い世界のことに思われた。

毎朝遅刻ぎりぎりのマーちゃんを待って、マサコは手を引いて走る。

「マーちゃん、早う、早う、急げ、急げ！」

「もう走れんちゃ、かまわんで、先行って」

そう言われてもマサコは手を離さない。登に笑われ、追い越されても、マサコが友だちを見放すことはなかった。

学校からの帰り道、ふたりの少女は「七つの子」や「どんぐりころころ」を歌いながら畦道《あぜみち》を歩いた。小さな紫の花の咲く三つ葉を見つけると、摘《つ》んでは頬《ほお》ばった。野草は甘酸っぱいレモンの味がした。

花嫁さんごっこ

マサコが十一歳の年、妹の常子が亡くなった。

記憶もおぼろな父の死とは違った。温かく柔らかだった妹の身体が、冷たく、白く、硬くなり、焼かれて骨になる。

「いくら泣きよっても、死んだ者は帰って来んのだからな」

涙を見せない母の言葉が、悲しみとともにマサコの胸に刺さった。

じっさい泣いている暇はなかった。法事に来るお坊さんにお膳の支度をするのもマサコの役目だった。かんぴょうを甘辛く炊いて海苔巻を作り、あり合わせの菜っ葉と魚くずでお汁を作った。

母に似て器量よしと言われたのは姉のほうだったが、手先の器用さにかけてはマサコが受け継いだ。姉妹の違いを見て母は、それぞれに適したことをさせた。「勉強しなさい」とはひと言も言わなかった。

「この子は器用で働き者じゃから、大農家の嫁になるといい」

母がそんなことを言うようになった。マサコはうれしいでも嫌でもなく、ただ「そういうものか」と思った。手先の器用さを役立てられるなら、お嫁に行くのもよいだろう。ただ、現実にはまだまだ先のこと、同じ年頃の女の子たちは、花嫁さんごっこで空想の世界に遊んでいた。マサコはいつも引っぱりだこだった。みんなが花嫁役をやりたがるのに、喜んで支度係を引き受けるからだった。

　田島山のふもとの急坂に浄福寺という小さな寺がある。マサコの家が近いため、その庭が女の子たちの遊び場になっていた。マサコはいつも急な石段を、誰よりも速く駆け上がり、わくわくしながら花嫁姿を作ってやるのだった。

「ぶち、かわいい！」

「こねなことマサコちゃん、ええやるなあ。ほんまもののお嫁さんみたいやあ」

　女の子たちは感嘆の声をもらす。

　顔立ちのきれいなフミちゃんが花嫁役だと、マサコの手腕はますます冴《さ》えた。その日は簞笥《たんす》から母の帯を持ち出して、端折《はしょ》った白い襦袢《じゅばん》の上に立て矢結びに締め、風呂敷を綿帽子にして、花飾りをあしらった。形よい小さな下唇に紅をさすと、フミちゃんは花嫁人形のようだった。

　陽が傾き、田島山の稜線がくっきりしてくると、山で遊んでいた男の子たちが降りてくる。わあわあと争うように来るので、女の子の領域である寺の庭は荒っぽくかき乱される。花嫁役はたいてい冷やかされるものなのに、フミちゃんは別だった。男の子たちは無口になり、ちらちらと見ながら足早に行ってしまうのだった。

春になると男の子たちは、山から初咲きの梅を手折って来た。良い香りのする黄色の梅を捧げられるのはフミちゃんだけで、他の女の子には、珍しくもない白や紅色のが差し出された。

初夏はつつじ。夏になると大きなアゲハ蝶。「まあ」と驚くフミちゃんの顔を、男の子たちだけでなく、マサコら女の子たちも見たがった。フミちゃんがいると、寺の庭に、甘く、柔らかい風が吹くようだった。

十月、天神様の御神幸祭《ごじんこうさい》の無事を祈願して、花神子社参《はなみこしゃさん》の式が出る。古式ゆかしい神子の衣装をまとった女の子が御所車に乗せられ、駅から参道を練り歩き、御酒《みき》を天満宮に奉納する。この花神子にフミちゃんが選ばれた年は、沿道の大人たちも思わずため息をもらした。

「きれいな子は得じゃなあ」マーちゃんが隣で呟《つぶや》いた。

「本当に、そうじゃねえ」

相づちを打つマサコのあだ名は「目玉サンクロウ」。色が黒くて小柄でやせっぽっち、大きな目がぎょろぎょろして、外国人のようだとも言われた。

親戚の話だと、マサコは父親似らしい。おおらかな優しい人で、蚊が止まっても「殺されないように飛んでお行き」と逃がすような人だったという。父の顔はほとんど覚えていないが、周防大島の父方の親戚は、みんな彫りの深い顔立ちをしている。

――ご先祖様に本当に外国人がいたとしたら、素敵だなぁ。

髪を自分で結って、竹ひごと端切《はぎれ》で髪飾りまで作ってしまうマサコを、風変わりな少女と言う者もいた。が、テイはその器用さをほめ、庭にヘチマがなると、搾《しぼ》って美顔水を作ってみせた。自分の手で何でも作るということを、身をもって示す母だった。

大晦日にひと晩で着物を縫って、元日には着せてくれた。見よう見まねでマサコが針を持つと、和裁の手ほどきをしてくれた。うまくできないと、物差しでぴしゃりと手を叩かれる。母に叱られたのは、それくらいだった。

牡丹の帯とハンドバッグ

裁縫ができるようになると、マサコは何でも縫った。巾着袋《きんちゃくぶくろ》、家族の浴衣や半纏《はんてん》。繕《つくろ》う物がないかと家中に目を光らせるほどだ。

母の牡丹《ぼたん》の帯が気になっていた。黒地に薄紅、橙《だいだい》、白の牡丹の花が咲き、花びらのところどころが金糸で縁どりされたその豪華な帯は、ほとんど出番がなく、箪笥の奥にしまわれたままになっている。

――仕立て直したら、どんなにきれいなバッグができるか……。

思いめぐらすうちに、頭の中で手製のハンドバッグはすっかり出来上がってしまった。

そうなると矢も楯もたまらず、マサコは裁ちばさみを手にしていた。

「マサコ！」

学校から帰ってきたヨシが青ざめ、抱えていた本をドサッと落とした。

「何しよったの……お母さんの帯を……まあ、よくもこんな」

「ハハッ！　マサコ姉ちゃん！」

登はいたずらっぽく笑って飛び回った。

「たーいへんじゃ、大変じゃ！　しかられるーう、しかられる！」

とんでもないことをしたと、やっと気がついた。端切になった牡丹が、無残に摘まれたかのように畳に散らかっていた。祖父は絶句した。もはや叱るどころの騒ぎではないといった面持ちだった。

マサコはともかく部屋を片付け、ふだん通り夕飯の支度をした。魚屋でひと籠《かご》三銭にまけてもらった鯛のアラを煮付け、畑の菜っ葉をおひたしに。仕事から帰ってきたテイは、まず夕餉《ゆうげ》の香りに目を細めて言った。

「えらいなあ。お母さんの給料日前でも、こねぇなご馳走が作れるんじゃもの、なあ」

マサコはいよいよ申しわけなく、母に手製のハンドバッグを差し出して、「ごめんなさい！」と畳に手をついた。

テイは、それが自分の帯とはすぐには気づかずにいた。

「あれ、まあ……」

そう言ったきり言葉を失った。素晴らしい出来のハンドバッグの向こうに、マサコが頭を垂れて小さくなっていた。

テイは叱らなかった。それどころかマサコが作ったハンドバッグを手に出かけ、会社やほうぼうで会う人に見せては笑った。

「うちの娘は誰にも教わらん。誰の真似したんでもない。だいいち帯をカバンになんて、誰が考えよるもんでしょうか、なぁ」

牡丹の柄は、ちょうどバッグの中央に華やかに咲いていた。

東の空

姉のヨシは防府高等女学校に進学し、襟《えり》の形がモダンと評判の制服を颯爽《さっそう》と着こなすようになった。

学問より手を動かすことが好きなマサコは、「周南女紅学校《しゅうなんじょこうがっこう》」という技芸学校に進むことを選んだ。明治三十三（一九〇〇）年創立、創始者の大沢良輔は、東京で学び、仙台の名家出身の寺沢ワイを妻として防府に帰郷し、地元の女子教育のために私財を投じたという。開学の翌年には県内から入学希望者が殺到し、移転して校舎を拡大せねばならなかったほどの人気校だった。

田島山のふもとから三田尻駅の北の校舎まで一時間の道のりを、マサコは弾む足取りで通った。ワイ先生は、すらりと上背《うわぜい》があって袴《はかま》がよく似合う女性だった。薄化粧に黒い艶やかな髪を束髪にして、厳しいが美しく、その名の発音から「愛先生」と呼ばれ、女子たちの憧れの的だった。

ある日、愛先生はこんな話を始めた。

「あなたがた、御不浄《ごふじょう》で用を足すさい、勢いのよい滝のような音を立ててはいませんか?」

クスクス笑いがもれる中、愛先生はいたって真面目な面持ちで続けた。

「品性ある女子は、鈴の鳴るような音で、用を足すものですよ」

鈴の鳴るような、という詩的な表現に、教室はしんとなった。手芸や裁縫だけでなく、一般教養や、こうした品性にまつわることごとを教えるのがこの学校の特徴だった。

マサコの成績は群を抜いて優秀だった。口べたで人見知り、だが黙々と手を動かすことだけは得意。誰よりも早く課題をこなすので、材料の調達がいつも間に合わない。

愛先生は目を細めて言った。

「高根さんは、どこへ行ってもよいお嫁さんになれますね」

花嫁修業に来ている女子がほとんどだった。この学校を出ることで、縁談が有利に運ぶとも思われていた。そのことへのうっすらとした違和感を、マサコは感じ始めていた。

その年の九月一日、関東地方に大地震が発生した。

「関東の天変地異《てんぺんちい》」「東京横浜殆《ほとん》ど全滅」「東京全市に戒厳令」

新聞の大きな見出しが恐怖を煽《あお》った。それしか情報源がないため、遠い山口の人々は貪《むさぼ》るようにその紙面を読んだ。死者、負傷者の数は計り知れず、建物はほとんどが倒壊、火災や暴動も起きているらしい。

テイは顔色を変えた。東京に嫁いだ妹がいるのだ。マサコたちが「東京のおばさん」と呼んでいる人だった。マサコにとってそれまでの東京は、はるか遠いおとぎの国だった。山も海も夜の闇もない、色とりどりのネオンが輝く明るいにぎやかな街。それが一日にして崩壊したという……。

学校では被災地支援のため浴衣を縫うことになった。着るものも失った東京の人々のために、マサコは速い手をますます急がせて、何枚もの浴衣を縫った。

おばから電報が届くまで息をひそめる数日があった。ようやく無事が伝えられ、同時におばが子どもを授かったとわかり、マサコの気持ちは揺れ動いた。

――東京に行って子どもの世話を手伝う、と言ったら、どうなるだろう……？

東京の復興のようすは、新聞に書かれた「帝都復興」の記事を信用するしかなかった。

丸の内や銀座が復興のシンボルとしてよく取り上げられるようになった。百貨店の松坂屋が銀座店を開業し、屋上に動物園を作ったことも記事になった。屋上に立つと、震災の焦土から立ち上がった家並みがあり、その向こうに海が見えるのだという。マサコは弟の登と一緒に、帝都再生の光景を夢みた。

「僕はいずれ東京に出るんだ」

ある日登が言った。男の子なら東京に出るのも珍しくない。現に母の弟は、上京して東京・市ヶ谷の陸軍士官学校に入っていた。

女はどうすればいいのか。進学や就職のあてもないマサコには、東京はあまりにも遠かった。そして、無理だと思うほどに、心惹かれた。

卒業する頃には、同級生の縁談がぽつぽつまとまりかけているようだった。

仲良しのマーちゃんがある日、荒物屋の店先で学校帰りのマサコを呼び止めた。

「マサコちゃん、聞いたかね？　フミちゃんにええ話がいっぱい来とうんじゃって。長崎の貿易商の御曹司の話もあるんじゃやって」

「はぁー、さすがじゃなあ」

「ああ、さすがじゃ」

「マーちゃんはどねな？」

「いやあ、私なんか！」

マサコの背をバンバン叩くマーちゃんは、すでに荒物屋の若おかみの貫禄をまといつつある。いずれそう遠くないうちに、働き者の婿をとって店を継ぐだろう。

学校を出たマサコは変わらず家事を一手に引き受けていた。姉は専売局勤め、母とともに家計を支えるようになっている。

——私はこれから、どうしよう？

飛び立っていく鳥を見ながら、マサコはそんなことを考えるようになった。

防府の空は、どこまでも高く、広かった。

今まで自分を励ましてきたのは、四季を彩る防府の自然だった。

野に咲く花の可憐な花びらの形。赤や白、黄色といったはっきりした色、薄紫やえんじ色の微妙な色合い。青い空に、自由に姿を変えていく白い雲。澄みきった瀬戸内の海。その浜辺で拾うアサリやハマグリの貝殻の縞模様。これが浴衣地だったらどんなに素敵なのができるだろうと、想像するだけで時間が経つのも忘れる。

天神様の石段を駆け上り、春風楼に立って一帯をはるかに見渡すと、小高い山に囲まれた海沿いの町は、もはや小さな世界だった。

この空が東京に続いていることを思うマサコは、十七歳になっていた。

昭和八年頃。マサコ二十二歳。
銀座のハリウッド美容室の前で

第二章 モダンガール、美容師になる

麻布・おばの家

列車に揺られて一昼夜、うとうとしてはまた目を覚まし、マサコは板張りの硬い座席に縮こまっていた。

夜行列車に女ひとりなんてとんでもないと祖父は言った。マサコは平気だと言い張り、母もとりなしてくれたが、じつのところすごく怖かったのだ。昨夜、通路から男がちらちらと見ていた。目深にかぶったハンチングから怪しげな目が覗《のぞ》いていた。若い娘が一人歩きしていると、人さらいにさらわれて売り飛ばされるとよく聞かされていた。奥歯を嚙《か》んで恐怖に耐えた。風呂敷包みを抱えた手が汗でじっとり湿っていた。やがて男は去っていった。フミちゃんのような美人だったら、本当にさらわれて、売り飛ばされていたかもしれない。そんなことを思いながら、マサコはまんじりともせず車中の夜を過ごした。

ふいに明るくなった。

窓外に富士山があった。霞《かすみ》をまとった姿が朝日を浴びて、桜色に輝いていた。

マサコは大きな目をさらに大きく見開き、窓に張りついた。

――こんなにも大きく、美しいものがあったなんて。

想像を遥かに超えて、富士山は神々しかった。不安も緊張も消え失せ、三島を過ぎたあたりで、すとんと眠りに落ちた。

品川に到着したことを告げる駅員の声、人々のさんざめく声が、子守唄のように遠く聞こえている。と思うと、突然の汽笛がボォォォォッと小さな身体を貫き、マサコは飛び起きた。すでに乗客は降りてホームの雑踏に紛れている。

風呂敷包みが床に転がっていた。慌てて拾い上げほこりをはらった。網棚に上げていた柳行李《やなぎごうり》を下ろすのに駅員が手を貸してくれた。親切というより、早く降りろということだったのだろう。

ホームの喧騒は凄まじい。乗りこむ者、降りる者、送る者、出迎える者。あちこちで歓声や泣き声が上がり、駅弁売りが負けじと声を上げる。こんなに大勢の人間がせわしなく行き交うのを、マサコは初めて目のあたりにした。気圧《けお》されるよりも、興味深く観察していた。品川駅のこの忙しさが、なぜか自分には心地良かった。

「マサコか？」

重々しい声に振り返ると、目の前にサーベルがあった。ぎょっと見上げたマサコは、背負った荷物に身体を持って行かれてよろけた。

「何だ、その大荷物は」

軍服に身を包んだ母の弟は、すっかり見違えていた。山口でお年玉をくれていた頃は、ひょうきんで気弱なところのある人だったはずだ。

チッ、と舌打ちすると、おじは革靴を鳴らして大股で歩きだした。マサコは慌てて後を追った。右も左もわからない、こんなところで迷子になったら、生きて帰れないに違いない。省線《しょうせん》と市電を乗り継ぐ間も、おじはまるで他人行儀だった。田舎から出てきた姪《めい》を連れ歩くのは、軍人にとって恥ずかしいことなのだろう。マサコは混み合う電車の中で、人々に埋もれながら踏ん張った。重たい柳行李の中は、季節の着替えだった。母が関東は寒かろうと、袷《あわせ》を新調してくれた。筆や硯《すずり》や裁縫道具など、身の回りのものも一式入っている。遊びに来たのではない、これから東京で暮らすのだ。

飯倉四丁目の停車場で電車を降りると、細い坂をくねくねと行く。路地の奥、井戸の脇に軒を並べた中の一つが「東京のおばさん」の家だった。

「姉さん、連れて来ました」

マサコを玄関に残すと、おじはぴしゃりと戸を閉め行ってしまった。

奥で赤ん坊の泣き声がしている。もう昼時だというのに、寝巻姿で現れたおばは、ひどくくたびれた顔をしていた。

「お世話になります、どうかよろしくお願いします！」

勢いよく頭を下げた拍子に、マサコは行李ごとつんのめった。

帰らぬ主人

八月の夕方、庭で洗濯物を取りこんでいるところへ、上空を横切るクジラのようなものがゆったりと影を落としていった。

「飛行船が行ったぞ！　見えたか！　あっちだ、そら、追いかけろ！」

近所がにわかに騒がしくなった。

ドイツのツェッペリン伯号が、世界一周の飛行中、霞ヶ浦の海軍航空施設に降り立ったのだった。東京中の人々が空を見上げて大騒ぎだったことを、マサコは翌日の新聞で知った。大きな船が人を乗せて空を飛ぶとはとうてい信じがたいが、「世界一周」の文言にはわくわくする。東京へ出るだけで大冒険と思っていた。世界はもっと、ずっと、計り知れないほど広いのだろう。

麻布森元町の家には、まだ小さい男の子と女の子がいた。子どもの世話と、三度の食事の支度がマサコの仕事だった。

子どもをおぶって坂道を飯倉の方へ上っていくと、天文台がある。この天文台を目印に、込みいった道を覚えていった。飯倉や狸穴《まみあな》、それに六本木と呼ばれる細長い一角。八百屋、魚屋、乾物屋と商店をまわって買物をし、古川にかかる橋を渡っていると、端唄《はうた》や三味線の音が流れてくる。窪地のこのあたりは、どこか大人の秘密めいた雰囲気があった。路地の奥の裏口からひっそりと、人目を忍んで男女が出てくることもあった。

不思議なのは、家の主人がめったに帰ってこないことだった。

「おばさん。今日は旦那さん、お戻りなさるんでしょうか」

「さあ、どうだか。帰るかもしれないし、帰らないかもしれないし」

マサコは帰って来ない主人のために、毎日酒の肴《さかな》をこしらえた。産後の肥立ちが悪いでもないおばが、相変わらず寝巻姿で出歩かずにいるのも謎だった。

ある日、買物から帰ったところで声をかけられた。

「こんにちは」

びんつけ油の甘い匂いがぷんと鼻をつく。単衣《ひとえ》の襟をうんと抜いた女が、待ち構えていたように物陰から現れた。

「見かけない子だね。あんた新しい女中かい？　これ、旦那さまに渡しといてちょうだいな」

マサコは菓子折りを押しつけられた。

「あの、どちら様でしょうか？」

女は斜めに笑って「ゆうべのお礼って言ゃぁわかるわよ」と去っていった。

そのままのことを伝えると、おばは黙って菓子折りを屑かごに捨てた。

あっ……と、思わず声を出すと、

「ほしいんだったら、拾って食べてりゃいいじゃないかッ」

目を吊り上げて、おばは奥の間に閉じこもってしまった。

同じようなことはその後も続いた。女が主人を訪ねてやって来るのだが、それが来るたび違う女で、思わせぶりなことをひと言ふた言捨てていく。手土産は果物や折詰、丼物のこともあれば、子どものために卓上ピアノや、ぜんまい仕掛けのブリキの猿を買ってくる女もいた。子どもは大喜びなので、おばも捨てるに捨てられない。マサコは学校で習ったのを思い出し、卓上ピアノで「雨降りお月さん」や「鞠《まり》と殿様」を弾いてやった。

大人の男女のことにはまったく疎《うと》いマサコも「さすがにこれは」と思い始めていた。

とある昼下がり、主人がひょっこり帰って来た。かぎ裂きのできた羽織《はおり》から白粉《おしろい》の匂いがした。マサコは繕いを申し出た。おばは奥の間にいて襖を開けようともせず、中から赤ん坊のぎゃんぎゃん泣く声が響いてくる。

「うるせえなあ、この家は」

主人は水を一杯飲んだだけで出て行こうとしていた。

「ちょっと、ちょっと待ってください、旦那さん！」

マサコは羽織の繕いを猛烈な速さで仕上げ、家を飛び出した。

路地をくねくね追いかけ、坂を駆け上がり、出合いがしらに車にぶつかりそうになって怒声を浴びながら、後を追って走った。主人は「更科《さらしな》」という蕎麦屋に入り、待たせていた連中と賑やかにやり始めた。流行歌の「東京行進曲」を歌い、酒を酌み交わし、隣の女を抱き寄せている。マサコは思い切って店に入り、まっすぐに主人に歩み寄った。

「帰って来てください、おばさんも子どもたちも待っちょるんです」

「黙れ、田舎者！」

猪口《ちょこ》を投げつけられてもマサコは動じずにいた。大きな目に気圧されたのか、主人は顔をそむけて言った。

「俺が悪いんじゃねぇ。あいつら、罪もねえ者を牢獄に入れやがって！」

周りの男たちが血相変えてその口を塞《ふさ》いだ。うっすらと事情がわかった。折からの思想統制で逮捕される知り合いが多く、自暴自棄になっているらしい。警察に反抗的なことを言えば誰でも引っぱられ、拷問を受けるという噂《うわさ》はマサコも聞いたことがあった。

主人の羽織をたたみ直し、そこに置いてマサコは言った。

「だけど、それで、家族に悲しい思いをさせてもええのでしょうか」

蕎麦屋はしんとなった。主人は言葉を失い、青ざめて拳を震わせていた。

「ようわからんのですが」

マサコは続けて言った。

「今できる、いちばんよいことをするだけと思うのです……どんな時も、そうしていたらきっと、いろんなことが、きっと、きっとよくなっていくと……」

口べたで人見知りの自分が、何を言っているのだろう。

それ以上続かず、頭を下げて、マサコは外へ出た。少し待ってみたがむだだった。

その後も主人は森元町の家に寄りつかなかった。

髪結いになりたい

器用なマサコはおばの役に立ってはいたが、いつまでもこの家にいられないという思いはつのっていった。

六本木の芝居小屋の角に易占いの看板が出たと聞き、すぐに訪ねていった。

易者は天眼鏡《てんがんきょう》でマサコの手のひらをじっと見て、こう言った。

「あなたは世を変える人になる。自ら切り拓《ひら》いた道を陸蒸気のごとき勢いで邁進《まいしん》し、やがて大勢の人々に見送られ、天寿をまっとうすることになりましょう」

半信半疑でマサコは「何の仕事をしたら？」と聞いた。

「髪結いか料理人でしょうな」

「まあ」と思わず声がもれた。どちらも自分にぴったりに思えた。

しかし、「つて」がない。修業しようにもどこへ行けばいいかわからないし、紹介状を書いてくれる人もない。おばやおじには相談できなかった。あの人たちは、田舎から出てきた姪がそのうち嫁に行き片付くとしか思っていない。

小遣いをもらうと市見坂《いちみざか》の誠志堂《せいしどう》へ行き、「主婦之友」や「婦人画報」を買って夢中で読みふけった。舶来物の毛皮の襟巻やコート。山野千枝子という有名な美容師がやっている「丸ノ内美容室」、そして、マネキンガール募集の記事。山口県にゆかりの深い女性作家の林芙美子が、自伝的小説「放浪記」を雑誌に連載している。女性の活躍を目にすると、自分のことのようにドキドキする。美しい髪形、着付けの写真を見ると、その写真の中に入って行きたい気さえする。

——もし髪結いになれたら、どんなに素敵だろう……。

しかし雑誌を閉じて見回すと、世間は不景気な話題ばかりだった。小津安二郎監督の活動写真『大学は出たけれど』が封切られ、現状の就職難をうたったそのタイトルが流行するさなか、ニューヨークの株式市場で株価が大暴落。世界恐慌のあおりで日本も厳しい不況となり、「昭和恐慌」とよく言われるようになっていた。

——私、これからどうなっていくのだろう……。

何の後ろ楯もなく東京に出て来てしまった。自分がひどくちっぽけに思える日もあれば、器用な私には何だってできると奮い立つ日もある。

マサコはざわつく心で麻布界隈をよく歩いた。

大通りにはカフェが建ち、白いエプロン姿の女給たちが働いている。夕暮れ時には温かいランプの色が窓辺を飾る。鳥居坂をゆるゆると下るにしたがって暮れなずみ、街路にガス灯が灯る。東洋英和女学校の校舎がそこに厳《おごそ》かに浮かび上がる。出てきたばかりの頃は、「なぁんだ、東京も夜は暗いのか」とがっかりしたものだ。今は、こんな宵闇《よいやみ》の坂道が美しいと思うようになっている。

鳥居坂を行き交う上品な女学生を見ながら、マサコはよく母のことを考えた。子どもたちに学費の心配をさせず、好きなことを学ばせてくれた母。周りの子のほとんど、特に女の子には、上の学校に行く選択肢はなくて当然とされていたのに。「東京へ行きたい」と言った時は驚いた顔もせず、そうか、と頷いた。いつかそう言い出すとわかっていたのだろうか。旅立つ日、三田尻駅までの道すがら、大した話はしなかったが、ただぽつりとこんなことを言った。

「マサコは、本当に手のかからない子だった」

列車の窓越しに風呂敷包みを渡された。中にはおじとおばにあてた達筆な手紙と、紙入れの中に一円の新札が五枚。その五円を、マサコは使わず大事に取ってある。

——親孝行がしたい。早く一人前になりたい。

そんな思いをじりじりと抱え始めたある日、おばが上の女の子を連れて出て行った。いっときだけの家出ではなく、おば夫婦が正式に離婚したということを、後から聞かされた。

森元町の家に暮らし続けるわけにはいかなくなった。行くあても、頼れる人もない不安を、マサコは、自立の時が来たのだと前向きに考えることで追いやった。

ふと、あの易者が言った言葉を思い出していた。

——髪結いか料理人。ともかく住みこみで働けるところを探そう。

夢への一歩　銀座へ

マサコは電車に飛び乗った。目指すは銀座だ。

震災から九年が経っている。一昨年の三月に帝都復興祭が行われ、復興のシンボルのひとつとして、銀座の街にも天皇陛下の巡幸があったという。

晴海通りという幅広い目抜き通りができている。界隈の三十二町は北の銀座一丁目から南の八丁目まで区画整理された。尾張町の四ツ辻の角には三越百貨店が開店したばかりだ。市電はひっきりなしに行き交っている。ちんちん、ごとごと走る電車に交じって、自動車、馬車、人力車、自転車。五年前に開通した地下鉄銀座線の地鳴りのような音。どこかの店が大音量で鳴らしているジャズ。それに負けじと、人々は大きな声で、ものすごい早口で話しながら行く。

流れに押されるようにして、マサコは三越前を右へ折れた。新橋の方へ向かっていくと、四階建てのレンガ造りの瀟洒《しょうしゃ》な建物が、まるで銀座の主のように堂々と建っていた。憧れの資生堂アイスクリームパーラーだった。マサコはしばし通りに立ち尽くし、建物と出入りする人々に見とれた。

モガことモダンガールたちこそ、その景観にふさわしかった、洋装の女たちはクロシェ帽を目深にかぶり、襟を強調したワンピースをまとい、歌うように話しながら通り過ぎていく。マサコの胸は躍った。そして次の瞬間、目はガラス戸に映る自分の姿に焦点を合わせていた。大事に着ていたあやめ色の着物が古くさく、くすんで見える。

自分だけ時間が止まっているような気がした。喧騒が遠のき、頭がぼうっとしてくる。

――しっかりしなくては。仕事を探しに来たんじゃないの。

マサコは歩みを進めた。下駄の鼻緒もずいぶん色あせている。

路地にも商店や飲食店が隙間なく並んでいた。ちょっとした空地にもバラックが建ち、何か売っている人がいる。調子のいい口上で注目を集めている香具師《やし》もいる。

「髪結い」の看板が見えた。間口には「職人求ム」の貼紙。覗くと、狭い店内に割烹着姿の髪結いと客とがひしめき合っている。客はみな新橋の芸者たちだろう。髪型はすべて同じ、大きく膨らませた日本髪だった。あの結い方だったらきっとすぐできる。雇ってもらおう、とマサコは思った。ところが扉に伸ばしかけた手に、なぜか力がこもらない。

その一角をぐるぐる歩き回り、足を棒にしても、気持ちは定まらなかった。選り好みしている場合ではないとわかっているのに、どうしても心が動かない。

「高根さん？　高根マサコさんじゃないこと？」

洋装の婦人に声をかけられた。防府の女紅学校時代の同級生の姉だった。東京に嫁いで三年経ったという、その姿は銀座のモガそのものだった。

仕事を探しているというマサコの話を聞くと、

「だったら、ハリウッドに行ってごらんなさいよ」

絹の手袋の指が西の方を指した。

アメリカ帰りの夫妻が「ハリウッド」という美容室を開き、美容教室を開設した。そこでは住みこみで勉強ができるというのだ。「髪結い」ではない、「美容室」という新しい言葉がマサコに響いた。

木挽町《こびきちょう》の歌舞伎座の角に、その新しい黄土色の五階建てのビルは建っていた。五階部分だけがコバルト・ブルーで、窓の上をぐるりと「ハリウッド美容室」「美容研究所」の大きな文字看板が囲んでいる。その文字を見たとたん、マサコの胸は激しく高鳴った。なぜか、ここが自分の場所だとしか思えないのだ。

ビル入口を入ると、一気に階段を駆け上がった。しっとりとした木製の手すりが、マサコの器用な手を歓迎してくれているようだった。

ハリウッド美容室

「スミコミ　キマル　ギンザ　ハリウツド　ビヨウシツ」

家族を安心させようと、マサコが打った電報が防府の家に届くと、

「マサコは、鍼灸師になるんかの？」

ハリウッドを「鍼打つど」と読んだ祖父のことは、後に笑い話として母から聞かされることになる。ともかくマサコは、夢への第一歩を踏み出した。

そこはアメリカ式の最先端の美容室・講習所だった。

日本女性のこれまでの化粧といえば、手入れもしない肌に白粉を叩《はた》くだけで、黒ずんだ顔が粉をふいて〝しいたけの白和え〟などと言われたりしていた。

アメリカ式はまったく違った。まず髪や肌をていねいに手入れする。個性に合わせた髪型や眉の整え方。現代女性のたしなみとしての教養や礼儀作法。マサコが入所したのは、それらを総合的に指導する講習所だった。

「ハリウッド」は東京中の、いや日本中の女性の憧れの的だった。

講習所にはおしゃれに敏感な女性が集まり、新しいものを取り入れたい意欲が満ち満ちていた。マサコのような若い美容師志望ばかりでなく、花嫁修業や、ただ知識を得るため

に来ている既婚者、中には夫に内緒でこっそり通う軍人や役人の妻もいるほどだった。

泰聖《たいせい》ビルの五階は、事務室、美容教室、炊事場、それに化粧品製造所と細かく区分されていた。製造所は五坪ほどを二つに仕切り、クリームと化粧水が作られている。いちばん広い美容教室の部屋は、夜には寄宿舎となった。寝食をともにする仲間は三十人ほどいた。人見知りなマサコは始めのうち、分厚い書物に目を落としてばかりいた。

『モダン化粧室』（宝文館）。著者は、社長で校長であるハリー牛山《うしやま》。巻頭には洋髪を結った牛山夫人の写真が「ハリウッド巻《まき》」として紹介されている。

——何て美しいんだろう……。

マサコはため息をつきながらページをめくった。

美の歴史、理念、化粧法や美容のための食事・運動法、化粧品の知識、パーマネント・ウェーブの施し方まで、およそ三百ページにわたりぎっしりと書かれたその本は、どのページを開いても知りたいことばかりで、マサコは赤鉛筆で線を引きながら読んでいった。

こんな記述が目を引いた。

「近代的美の基調は自然であります」「精巧な手入れと、厳密な清潔の上に立つ自然味であります」「生まれつきの特長を、隠したり刺激したりせずに、之《これ》を育て、整《ととの》へて行く事に努力して」……

そう、そうだわ、とマサコは頷きながら、時間も忘れて読みふけった。美容を志す者は、まず自分の自然の姿を知り、自分を磨いていかなくてはならない。

姿見に全身を映して見ていると、脇からニュッと、赤いりんごが差し出された。

「高根マサコさんだっけか？」

銀座木挽町（現・東銀座）歌舞伎座横
「ハリウッド美容室」（昭和八年頃）

青森から来ている八重子だった。田舎から木箱で送られてくるりんごを、「け、け、（食え、食え）」とみんなに配って回っているのだった。背が高く、屈託ない笑顔は、防府で仲よしだったマーちゃんを思い出させた。

八重子と打ち解けたマサコは、ずっと考えていたことを口にした。

「私、お洋服を仕立てに行こうと思うの。でも、どのお店に行ったらいいのか」

「洋服って銀座のモガみたいな、あれけ？」

銀座で暮らしているというのに、ふたりはくたびれた着物姿で、通りを颯爽と歩くモガたちをまぶしく見つめているのだった。

「洋装かぁ。私はちょっと勇気ねえなぁ。でもマサコさんならきっと似合うな」

話を聞きつけた千鶴という子が相づちを打つ。

「そうそう、マサコさんはアメリカ人みてえに顔がパッとしてるもんなあ」

茨城から来た千鶴は、色白で黒髪の大和撫子に見えて、人一倍新し物好きだった。

「アメリカって言えばあれだ、ハリーさんに聞けばきっと、いい洋服屋さんでも何でも教えてくれるべ？」

なぜかマサコはドキッとした。

ハリー牛山こと牛山清人《きよと》。「ハリウッド」の創始者。かつて映画俳優をめざして単身渡米した人だという。毎朝きちんと定時前にやって来ては、「おはようございます！」と誰より大きな声であいさつをする。鼻筋の通った面立ちに眼鏡が似合い、髪はいつもきちんと撫でつけられている。その装いもおしゃれで、舶来の生地で仕立てたスーツを着こなし、胸にはネクタイの色と合わせたハンカチーフ。袖口に大きく輝くカフスボタンも、色とりどりのものをいくつ持っていることか。

マサコは恐れ多くてまともに口をきいたことがない。

「ハリーさんにお洋服屋を教えてだなんて、私、とっても聞かれないわ」

「だったら、私たちが聞いてあげましょうか？」

その提案をふたりはすぐ実行に移したらしい。翌日にはマサコのもとに、洋服屋の名を記したメモが渡った。

「えっ？　本当に聞きに行ったの？」

「もちろんよ。ハリーさん、喜んで教えてくだすったわ」

ふたりの言葉づかいも、心なしか上品な山の手の奥さん風になっている。

「ハリーさんね、女の人の洋装には大賛成なんですって」

「君たちは、『モロッコ』という活動を観たかね？　なんておっしゃってたわね」

「『モロッコ』？」

「マレーなんとかいう女優さんが、それは美しいんだって。そういうのを観て精々勉強したまえって。さすが、本場ハリウッドにいた人は言うことが違うわねえ」

美容やファッションの勉強のために映画を観るという発想は、それまでのマサコにはないものだった。

「行きましょう！　映画をたくさん観て、勉強しましょう！」

「あれマサコさん、洋服を作りに行くんでなかったのかい？」

「あっ……そうでした……」

三人はその週末、銀座の街なかに繰り出した。

マサコがいざ洋服屋に足を踏み入れるや、堂々たる態度で注文する。その姿に千鶴と八重子は目を丸くした。山ほどある生地見本の中から、迷うことなく上品な若草色のツイードを選び、描いてきたデザイン画を見せて、スカート丈やダーツの深さにまで細かく指示を出す。自信に満ちたたたずまいに店員もいちもく置いた様子で、ていねいに採寸しながら、マサコの希望に応えようとしていた。

「マサコさん、本当に初めてなの？　信じられない」

「長年のお得意様みたいだったわ、ねえ」

店を出てはしゃぐふたりの前で、マサコは「ふぅーっ」とため息をついた。

「ああー、緊張した。まだ胸がドキドキしてる！　昨日は一睡もできなかったの！」

マサコはただ真剣勝負なのだった。どんな服にするか、来る日も来る日も考えて、頭の中でこれぞというものに練り上げていたのだ。注文する時点で、それはもう完成していたにひとしい。母が持たせてくれた真新しい一円札を初めての洋服に使うことも決めていた。

数週間後、講習所の鏡の前に現れたのは、まるで西洋の上流婦人だった。この服に合わせてマサコはすでに髪を短くし、パーマネントをかけている。すべてが予定通りだった。満足げな微笑みが、完璧な装いの仕上げとなった。

「素敵ねえ、マサコさん！」

「初めての洋服とは思えないわね」

鏡の後ろからみんなが覗いて口々に褒《ほ》めた。

「洋服を作るというのは、君だったのか」

あくる日、ハリーこと牛山清人に声をかけられ、マサコはドキッと立ち止まった。

「はい」

まっすぐに見上げて答えた。洋装になると、物怖じせずに話せるような気がした。

「良いお店を教えて頂いて、どうもありがとうございました」

「うむ」と清人は、マサコの頭のてっぺんからつま先までじっくりと眺めた。何を言われるかとはらはらしながらも、マサコは洋服が少しでも映えるよう背筋を伸ばしていた。

「うむ」ともう一度頷いて、清人は去って行った。

マサコ二十一歳、牛山清人は三十三歳。

ひと回り上の経営者は、マサコにとって雲の上の存在だった。

経営者は元ハリウッド・スター

アメリカ帰りの牛山清人が「ハリー牛山」の名で美容の仕事を始めるに至ったいきさつは伝説のように語られていた。噂話に疎いマサコには千鶴が興奮気味に語って聞かせた。

長野県上諏訪《かみすわ》に牛山清人が誕生したのは、明治三十二（一八九九）年。フランスの発明家リュミエール兄弟が実写映画を製作し、アメリカではエジソンが投射式映写機を発明、日本でも映画製作が始まった頃だったから、清人という人は、映画という星のもとに生まれる運命だったのだろう。

十八歳で単身アメリカに渡った。父が地元からの渡米者第一号で、サンフランシスコでホテルを経営しているということだった。しかし長旅の末やっと会えたというのに、父は冷たかった。日系人向けの安ホテルにいて、成功したとはとても言いがたい。「自分で稼げ」と言われ、清人は何でもやった。ホテルの下働き。清掃、皿洗い、庭師、新聞配達、運転手。働きながら近くの小学校で英語を学び、二十歳を過ぎてハリウッド・ハイスクールに編入した。物怖じしない性格で先生から可愛がられ、ここで「ハリー」の愛称をもらう。そしてこの映画の都で日本人俳優の早川雪洲と出会うことになる。

「ちょっと待って、早川雪洲？　聞いたことあるわ！」

「聞いたことあるなんて、マサコさん、のんきねえ。雪洲は日本が生んだ大スターよ」

大正四（一九一五）年、セシル・B・デミル監督『チート』の悪辣《あくらつ》な東洋人役で大当たり。週給千ドルを稼ぐ大スターにのし上がった早川雪洲は、最盛期にハリウッドの一等地にスコットランド風の大邸宅を建てた。

「このお城に、ハリーさんも出入りしていたっていうんだから、すごいわよ」

四階建て、三十二室もあるという邸宅の写真に、マサコはため息をもらした。

雪洲は俳優として知名度を上げ、独立プロダクションを設立、会社経営にも乗り出していった。そんな日本人スターに清人は究極の理想を見たのだろう。

「ハリーさんは弟子入りを申し出たの。何度断られても絶対にあきらめずに門を叩き続けたんだって。それで、とうとう雪洲も折れて、付け人にしたというわけ。かばん持ちから車の運転、ファンレターの整理、それにスタンド・インといって、照明やらキャメラの準備のために、雪洲さんの代理をやるの。もちろん代理ばかりじゃなくってよ」

十八歳で単身渡米、ハリウッドで早川雪洲の弟子になった頃の清人

見せられたブロマイドのハリー牛山は、今より少し若く、なのに堂々として、異国の空気に溶けこんでいた。

「牛山さんは本当にハリウッド・スターだったのねえ」

周囲から相づちの声がもれた。気がつくと、寝巻姿の女たちが話を聞いている。すでに布団が並べて敷かれ、消灯までの時間はささやかなおしゃべりタイムだった。

「俳優としては芽が出そうにないというんで、化粧品の仕事をしたらどうかって、早川雪洲がハリーさんに勧めたんだって。撮影所に出入りするうちに、今度はハリーさん、マックス・ファクターさんという有名美容師に弟子入りして、お化粧品の成分やメーキャップの方法やら、ずいぶん勉強したんだってよ」

マックス・ファクターはハリウッドに根をおろしたポーランド系ユダヤ人で、自身の名を看板にした化粧品店を開き成功していた。

そんな未知の分野に、日本人の清人はひとりで飛びこんだ。見た目は華やかだが、勤勉な人なのだろう。スター俳優になるのもすばらしいが、縁の下でこつこつ努力を重ねる人はもっとすばらしい。マサコはそう思った。

そんな清人が帰国したきっかけは、関東大震災だったという。アメリカでも新聞で報じられ、壊滅的な東京の様子を知るにつけ、国に帰って何か役立つ仕事がしたい、東京の人々に活力を取り戻したい、と考えるようになった。それで、同行していた夫人とともに、パーマネント・ウェーブの器械をはじめ最新の化粧品、化粧道具を持って帰国した。

震災で荒廃した東京で、少しでも女性に美しさを取りもどしてほしい。おしゃれする心のゆとりを持ってほしい。そんな願いで神田三崎町に最初の店を出したのは、大正十四(一九二五)年。

美容室に「ハリウッド」と冠をつけた心のうちには、どれほど大きな理想があっただろうか。

アメリカから持ち帰った映画撮影用のキャメラを駆使し、施術の手本がスローモーションで上映される。流行のパーマネント・ウェーブはフランス製の「マーセル・アイロン」。熱したカール・アイロンで縦ロールや横ウェーブを自在に作ることができる。

美顔、化粧、マニキュアまで取りそろえ、「欧米の最高技術にいたるまで」と清人はいつも強調する。

一流の化粧品を作り、一流の美容室を作り、そして一流の施術ができる美容師を養成する。その考えかたが、マサコの胸にすとんと落ちてきた。

「私、ここに入所ができて、幸せだわ」

千鶴と八重子が、ほかにも数人が、目をきらきらさせて頷いていた。

一流の美容師になるには七年かかると言われている。だからマサコは、これから七年、命がけで修業を積もうと心に決めた。

――一人前の美容師になるまでは、何があっても、絶対に山口に帰らない。

母ならきっと、この思いをわかってくれるだろう。

美意識を磨く日々

昭和六（一九三一）年の満州事変いらい、景気はぐんぐん上向いていた。

マサコたちは休みになると、おしゃれをして銀座のレンガ敷きの道を散歩した。新しいカフェやレストラン。呉服店や洋品店。季節の柄の美しい着物と帯。舶来の装身具やレースの手袋、絹のドレス。バラのコサージュ、虹色のネックレス。

「高いのね……。素敵だけど、とても買えないわ……」

仲間がため息をつくそばで、マサコは目を輝かせて言った。

「私、作れるわ。似たものが……ううん、もっと素敵なものが！」

子どもの頃から、きれいな石や貝殻を探し、磨いては作り変えてきたのだ。マサコは帯や帯あげ、ブローチやストールなど、創意工夫して作っては身につけ、銀座の街を歩いた。すると、通り過ぎるモガたちが、みんな振り返った。

その頃の娯楽の中心といえば浅草だった。コメディアンのエノケン（榎本健一）や古川ロッパ、浅草オペラで大人気だった歌手、二村定一《ふたむらていいち》。レビューに活動写真。千鶴が好きでマサコはよく誘われたが、マサコにはモガの最前線、銀座が一番だった。暇さえあれば通りを歩き、美意識を磨いた。ひとり講習所に残り、練習に没頭する日もあった。

そうしているうちにめきめき腕を上げ、一年と経たないうちに、マサコは現役の美容師をしのぐ腕を身につけていた。

尾張町四ツ辻——銀座四丁目交差点の三越の向かいにある、服部時計店の時計塔が新しくなった。交差点に面してなだらかな曲線を描いた壁面、美しく並んだ窓のつくり。その上に時計台のある美しいビルを、マサコは見上げた。

キーンコーンカーンコーン……

時を告げる鐘が銀座の夜空にこだまする。

温かい音色は、自分へのエールに聞こえた。

誰よりもヘア・メイク・ファッションを研究していたマサコ（後列右から二番目）

第三章

プロポーズは業務命令？

マサコ　売れっ子美容師になる

一年間の講習期間を経て、昭和八（一九三三）年、マサコは「ハリウッド美容室」の美容師として働き始めた。すでに「抜きん出た才能の持ち主」と評判だったが、住みこみで修業が続くのは変わらない。接客に関する牛山清人の指導に、身を引きしめてのぞんだ。礼儀作法や立ち居振る舞いにとりわけ清人は厳しく、ていねいにあいさつができなければ容赦なく怒鳴られ、泣いて帰る美容師もいた。

マサコは誰よりも朝早く店に出て、夜遅くまで働いた。楽しくてしかたなかった。水を得た魚とはこのことだった。言葉づかいや頭の下げ方には細心の注意を払った。人見知りなどと言っている場合ではない。初めての給料は、イギリス製の豚毛のブラシや高級カミソリ、ハサミなど道具をそろえるのに使った。

店は大変な忙しさだった。髪を切るのは「毛断（モダン）」と字が当てられて大流行、これまで長い髪を結い上げていた女性たちが、こぞって新しい髪型に挑戦するようになった。切られた毛髪は山のようになり、その量は一日で大きなソファの中身が埋まるほどになった。

パーマネント・ウェーブをかけに来る客も後を絶たない。清人がアメリカから持ち帰ったマーセル・アイロンは、カーラーで巻いた髪に電熱器で直《じか》に熱をあてるもので、薬品と高熱に手は荒れ、やけどを負うこともたびたびだった。怖がる新米が多い中で、マサコは恐れず器械と格闘した。

銀座で人気のスタイルといえば、ウェーブをかけた前髪をクロシェ帽から斜めに出して、後ろはすっきりと短くした形。マサコの理想は、いつかハリー社長が観るようにすすめた『モロッコ』のマレーネ・ディートリッヒだ。名画座のリヴァイヴァルを観に行った。初めて観るトーキー映画、初めてのスーパー・インポーズ（字幕）に驚くよりも、ヘア・スタイルや衣装に目を奪われた。あんなふうにふんわりと上品なウェーブが作れないものか。マサコは試行錯誤を繰り返していた。

「キャーッ！」

ある夜、閉店後の美容室に悲鳴が響いた。焦げた匂いが漂っている。何ごとかと従業員たちが騒ぎ、事務室にいた清人も飛び出した。

そこには髪をチリチリにした八重子がいた。パーマネントの練習台になっていたのだ。

「八重子さん、……ごめんなさい！」

マサコが小さい身体を折り曲げるようにして言った。

「……火事になんなくて良かったし、やけどもしてねし……なんも、大丈夫だって」

そう言いながら八重子は涙目になっている。

この年の三月、昭和三陸地震で東北は甚大な被害を受けたばかりだった。八重子の家族は幸い無事だったが、衝撃を受けたままでいる八重子を何とか元気づけようと、マサコは鏡に向かわせたのだ。

このままではすまされない。マサコはすぐに、焦げた髪を切り始めた。

「もういいって、マサコさん……」

「早く片付けて帰りたまえ」と清人も言うが、マサコは止まらない。

手早く切り続け、使い慣れたコテを当て、あっという間に八重子の頭は垢抜けた。

「わあ、素敵！」「すごいわ、魔法みたい！」

従業員たちは八重子を取り囲んで感嘆の声をあげている。

「怪我の功名というやつだな……」と清人は呟いた。

マサコはみんなの笑顔に囲まれ、ホッと胸を撫でおろしていた。

そのとき遠巻きに苦笑している清人には気がつかなかった。

しばらくすると「あの子にお願いするわ」とマサコによく指名がよく入るようになった。その人が一番美しく見える髪型を作り、形も日によって変えることも評判だった。

「あの、外国人の女の子いる？」

マサコを日本人と思っていない客もいる。

小柄で弾けるような働きぶりから「レモン」とか「バクダン」とか「機関銃」、そんなあだ名がついた。客から愛されているのだった。

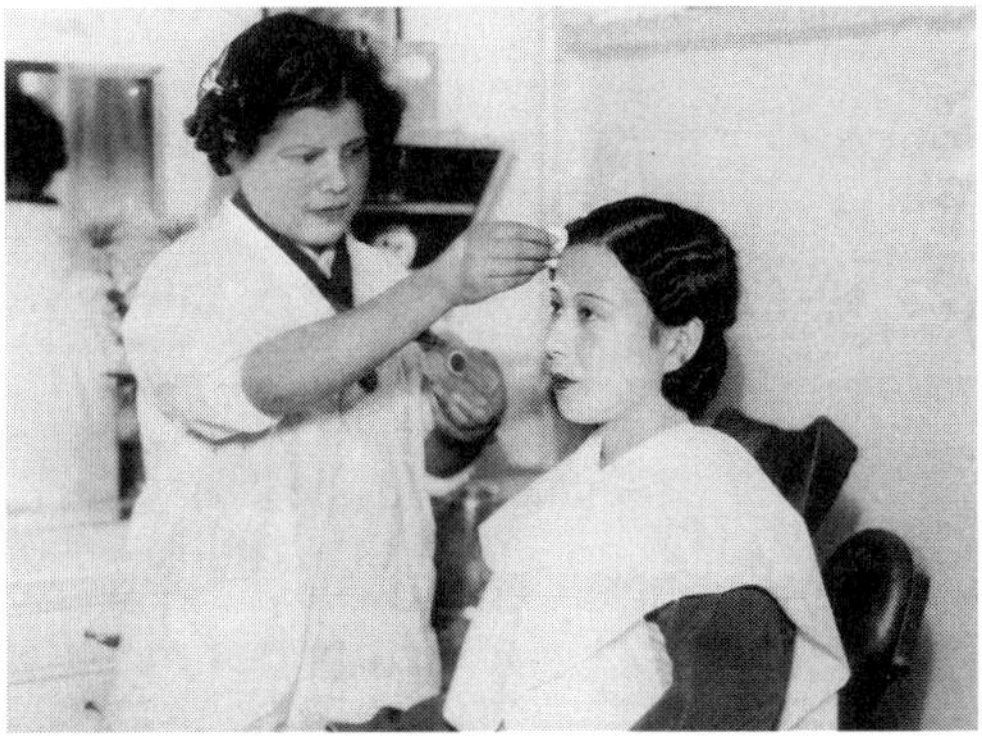

美容師一年目で夏川静江（写真）ら大女優から指名される（昭和八年、マサコ二十二歳）

美容室でめきめき腕をあげる一方で、マサコは寮でもなくてはならない存在になっていた。「まかないの食事作りがうまい」と評判になっていたからだ。最初は当番制だったが、マサコの料理は何せ手早く、献立の工夫も利いている。当番以外の日もつい手伝っているうちに、毎日の食事を一手に引き受けるようになった。その代わり便所掃除を免除されたので、マサコとしても願ったり叶ったりだった。

さまざまな地方出の者がいて、味覚の違いは明らかなのに、みんながマサコの料理を喜んだ。温かいご飯に味噌汁、焼魚や煮物におひたし、漬物など、ごくごくふつうの献立だった。その日安く買えた食材をさまざまにこしらえ、余ったものは翌日まったく別の品に作り変える。新聞や雑誌の献立欄を見て、カレーライスやハンバーグ、ポークソテーといった洋食にも果敢に挑戦し、半ドンの日はホットケーキを焼いてみんなを喜ばせた。誰かが友だちを連れて来たり、部外者がひょっこり食べに来るようなこともあった。

ある日、その評判を聞きつけた清人が立ち寄り、「うまい、うまい」と喜んで食べるのには、さすがにマサコも恐縮してしまった。アメリカ帰りで会食の機会も多い清人の口に合うとは、とても信じがたかったのだ。


清人はまたある日、マサコを呼んでこんなことを言いだした。

「今週末に、同郷のいとこが来るんだがね。何かちょいと、うまいものを作ってやってくれないか。忙しいヤツで帰省もままならない。せめてここに立ち寄る時に、家庭の味でもてなしてやりたいんだ」

「同郷って……上諏訪は、どんなものがおいしいのですか?」

「まあ、名物はうなぎだな」

うなぎ! マサコはびっくりした。

「私、とても捌《さば》けません。うなぎ屋なら銀座にあるじゃありませんか」

「誰がうな重を作ってくれと言った? いつもの、まかないのようなのがいいんだ。ああいうのを食わせてやりたいんだ」

銀座にはいくらでもおいしい店があるだろうに、清人は「ぜひ」と材料費まで渡す。マサコはせめてふだんより高級な食材を買って、腕によりをかけた。

ハリー社長のいとこ

やって来たのは藤原寛人《ふじわらひろと》という、マサコよりひとつ年下の青年だった。いつもは冷徹に見える清人が、急にいたずらっ子のような笑顔になる。

「やあ！　どうだい富士山は⁉」

「ずいぶん慣れましたよ。しかし、ひさしぶりに下界に降りると暑くて暑くて！」

春先というのに汗を拭いている寛人は、富士山から降りて来たばかりだった。丸顔で人懐こい目をくりくりさせたこの青年が、中央気象台の富士山頂観測所に勤務していると知ってマサコは驚いた。

列車の中から見えた、あの大きく美しい富士山で仕事をしている人がいたとは……。

「富士山のてっぺんまで、歩いて登るのですか⁉」

マサコが聞くと、寛人は白い歯を見せて笑った。

「飛んでは行けませんからね。なあに、荷物は強力《ごうりき》が運んでくれるし、僕らは山育ちだから、あんがい登れるんです」

年が十三も離れたいとこ同士は、長野の上諏訪の同じ家で育った。清人を生んだ母親が結核を患い、弟、つまり寛人の父に清人を託して亡くなったという。

「清人兄さんには、昔から驚かされることばっかりだったな。とにかく喧嘩が強くてね。村で一番の暴れん坊だった。僕なんか、おかげで怖いものなしだったよ。名門・諏訪中学校（現諏訪清陵高校）に入ったと思ったら、勉強はさっぱりせずに柔道に明け暮れて、在学中に黒帯まで取っちゃうんだものな」

アッハッハ、と清人は声をあげて笑う。こんな表情を見るのは、マサコは初めてだ。

「学問は大嫌いだったね。君や咲平《さくへい》おじさんのように出来がよくなかったからな」

「僕だって咲平おじさんには及びませんよ。何たってあの人は帝大の教授です」

「お天気博士」こと、気象学者の藤原咲平は、清人が渡米を志して親戚じゅうが反対する中、ただひとり背中を押してくれた人だという。

清人の母方、藤原家には学者や気象庁の役人がいる。遡《さかのぼ》れば諏訪高島藩の郷侍《ごうざむらい》だった。父方の牛山家にとっては、清人は宗家の長男だった。

「渡米以上にびっくりしたのは、清人兄さんが帰国するって時だったよ。亡くなった親父さんの家督を継いだ矢先、全部売っ払って事業を始めようっていうんだから。しかも何の事業かと思えば、美容だの化粧だのっていう。アメリカなんか行って、ついにおつむがイカれたんじゃないかって、あの時は親戚じゅう大騒ぎだったよな」

給仕をしながらマサコは思わず聞き直していた。

「家督を継いで、全部売り払ったって、本当なんですか？」

「ああ、本当だよ」

さして大したことでもないように清人は言った。

「上諏訪の山畑から代々伝わる宝刀から、全部売ってしまったんだ」

「手元に残ったのは、掛軸が二本だけ」と寛人がくすくす笑う。「そうして作った財産を注ぎこんで、初めて美容室を作ってみたら、これがお客はさっぱり来ないわけでしょう」

「ああ、あの時はさすがに血が凍る思いだったね」

あっはっは、と清人は豪快に笑って、呆然と立っているマサコの方を向いた。

「あなたは、どこの出だったかな？」

「山口です、山口の防府です」

「ほう、山口は、毛利氏ですな」

急にふたりに矛先を向けられて、マサコはとまどった。

「うちは毛利家とは縁もゆかりもありませんわ。父は塩田で働いていたのですが早くに亡くなって、母が体温計の会社に勤めて、三人の子を育てたんです」

「はてな、山口で体温計……」

「聞いたことがありますね……」

しばし額に手を当てていた寛人は、ポンと膝を打った。

「思い出した、発明家の！」

「山口のエジソン、柏木幸助か！」

ふたりはマサコよりずっと「柏木体温計」について詳しかった。少年雑誌に載ったことがあるのだそうだ。

三田尻で代々薬屋を営む旧家に生まれた柏木幸助は、十九歳でマッチの製造に成功し、二年がかりで安全マッチに改良、商品化した。それまでのマッチといえば、高価な輸入品であるばかりでなく、わずかな衝撃で発火する危険な代物だった。先端を強く擦ることで発火する安全マッチは画期的な発明で、会社は大きくなり、海外輸出をするまでに発展した。しかしマッチ工場を火事で失い、家族からの猛反対で再建をあきらめることになる。どん底まで落ちた柏木幸助は、宇部の一介のガラス職人との出会いから、体温計作りに乗りだした。誰もが非常識だと笑った。

――留点体温計？　脇からはずしても温度が下がらない？　そんなものがもしできるなら、わしの鼻を切ってさしあげよう――

医療器械の専門家にそんなことを言われながら、柏木は独力で製造に成功したのだった。

「見習うべきは、地元に会社を興して、地元の人々を雇った点だね」

清人が言うと、寛人もかぶせるようにして言う。

「僕は不屈の精神を買うな。ああいう人の興した会社で働くなんて、あなたの母上は大したご婦人ですね」

「はぁ、ありがとうございます」

マサコは恐縮していた。いとこ同士、水入らずの時間を邪魔しているのではないかと、さっきからはらはらしていた。

料理を給仕して早々に引き上げると、台所で千鶴と八重子がわくわくしながら待ちかまえていた。

「どんな方だった？」

「気象台の仕事で富士山にいるんですって」

「それだけ？」

「それだけって？」

「あの方にマサコさんをどうかってお話なんでしょう？」

「ええっ⁉」

マサコは大声をあげてから笑いだした。

「そんなこと、あるわけないでしょう？　私はただ料理人を任されただけよ」

「どうかしら～？」と、にやにや顔を見合わせているふたりがまったく勘違いしているという確信が、マサコにはなぜかあった。清人は回りくどいことをする人ではない。もしこれが見合いだったら、はっきりそう言ったことだろう。

数日後、寛人からお礼の葉書が届いた。

「たがいに仕事を頑張りましょう」と、勢いのある字で書かれていた。さわやかな、同志のような男の友だちができたことが、マサコはうれしかった。

結婚より仕事が楽しくて

パーマネントの流行が絶頂を迎えた昭和十（一九三五）年、巷では東海林太郎《しょうじたろう》の歌う「野崎小唄」が大ヒットしていた。歌謡曲に三味線を取り入れるというのが新しかった。テンポの良い曲調に哀愁ある歌声がのって街頭ラジオから流れだすと、通りには足を止める人だかりができた。作曲の大村能章《おおむらのうしょう》はマサコの郷里、防府の出身で、下関のオーケストラで指揮者を務めたのち、夢をあきらめきれずに上京した人だった。

「なんだかわかるような気がするわぁ」

千鶴がパーマネントの準備の手を止めて言った。

「古いものに新しいものを混ぜ合わせて、もっと新しいものを作る。マサコさんの生まれ育ったところは、きっとそういう土地柄なのねぇ」

「そんなことより、手を動かしましょう。もうお客様が外で待ってるわ」

店は連日盛況だった。新聞、雑誌に載る広告が効果を上げている。美容室、化粧品、美容講習所の三本柱で広告を打ち出しているのは「ハリウッド」だけだった。全国の女性たちが、新聞・雑誌に載るその広告に目を惹かれた。そもそも「ハリー牛山」は大正期から有名人だった。アメリカのハリウッド・スターの情報を発信してきたその人が美容室や化粧品会社を興したとなると、日本の女性たちが憧れを抱くのは自然な流れだった。

　銀座を歩く女性の四、五人にひとりは洋装と言われたが、「ハリウッド美容室」では客のほとんどが洋装の日もある。感度の高い女性たちをいかに惹きつけていることか。マサコは毎日あらたまった気持ちで手を動かした。

　洋風の化粧法として、清人の著書『モダン化粧室』はよく参考にされた。

　目の周りをくっきりと隈取りし、つけまつげをし、眉の形は弓なりにこめかみまで垂らす。口紅は薄く、広めに引く。アメリカでマックス・ファクターが開発した化粧品と技術は、清人によって着々と日本人女性向けに作り変えられているのだった。まつげとまゆ毛の育毛促進剤、つけまつげ、アイシャドウ。コールドクリームは他社からすでに売れ筋商品としてさまざまなものが出され

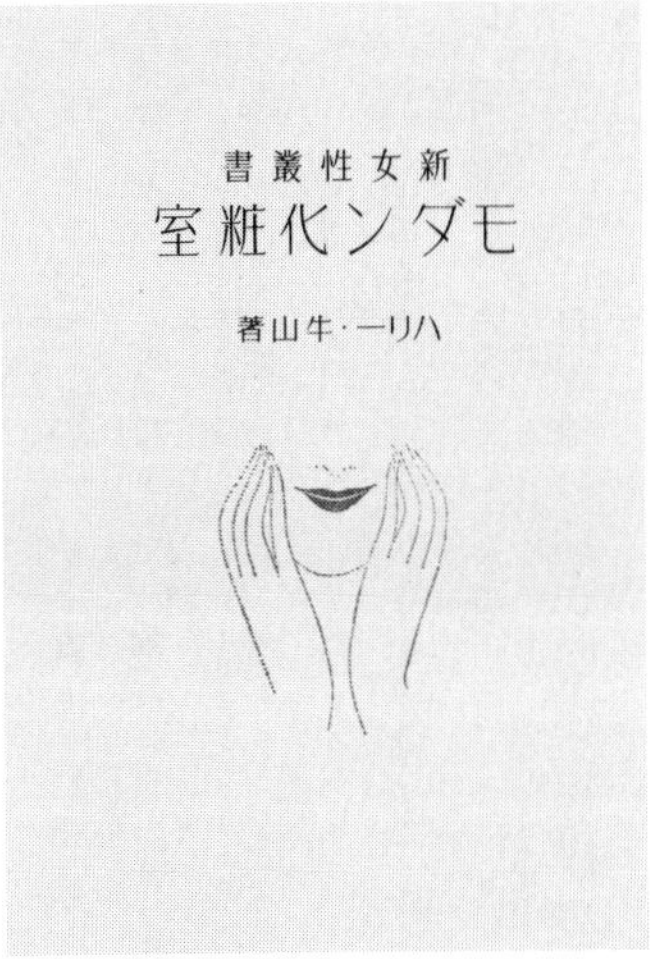

洋風の化粧法を記した牛山清人の著書『モダン化粧室』（昭和六年刊行）

ており、その価格が三十銭平均のところへ、「ハリウッド」の新商品は一円三十銭で発売した。値が張っても高品質のものを、というのが清人の主義だった。ほんのりイチゴの香りをつけたこのクリームは、化粧下地としてだけでなく、ナイトクリーム、マッサージクリームにもなる。使い方のていねいな説明もあって、高くてもよく売れた。試作品を送られた早川雪洲が、まちがってパンに塗ったという笑い話もあった。

「高根くん！」

今日も清人はマサコを事務所に呼びつける。マサコは「はい！」と作業をうまく中断して駆けつける。

「三時に日本橋の鈴木商店の奥様がみえる。よろしく頼む」

「かしこまりました！」

マサコを指名する客は日に日に増えている。ほかの美容師にはできない髪を作ってくれるという評判が上客から上客へと伝わるらしい。毎日が真剣勝負。お手本など何もないので、空の雲や花、時にはアップルパイの生地の編み方を見て応用した。

美容講習所の同期生の中には、結婚を機に辞めていく者もいた。気がつけば、そういう年ごろだった。

「嫌になっちゃうわ。二十五を過ぎたら、縁談もなくなるっていうじゃない」

このところ千鶴はしきりに憂鬱な顔をしている。マサコより二つ年上だから、もうすぐ二十六歳の誕生日なのだ。

「千鶴さんなら引く手数多《あまた》でしょうよ」と八重子が笑う。

ふたりとも、初めて会った頃に比べたらぐんと垢抜けている。

「マサコさんはどうなの？」

「……えっ？」

食事どきにも新しい髪型のことを考えていたマサコは、きょとんとふたりの顔を見た。

「結婚？　私は全然、考えたこともないわ」

「そりゃあマサコさんは、仕事が恋人みたいなものだもの」

八重子の言い方に、マサコはちょっとときめいた。

「仕事が恋人。それ、素敵ね！」

「何言ってんの！」と千鶴は目を吊り上げた。「仕事が恋人ですって？　そんな戯《ざ》れごと言ってるうちに、三十過ぎて四十になって、行かず後家って言われるのよ」

マサコは笑った。

「笑いごとじゃないわ、あなたたち、そうなっていいわけ？」

「ええ、全然かまわないわ」とマサコはあっさり答える。

「だって結婚したら、旦那様に仕えることになるでしょう？　仕事が続けられるかどうか、私にとっては生き死にに関わるような大問題よ」

はぁー、と、ふたりは舌を巻いた。

「仕事熱心とは思ったけれど、そこまでとはね」

「子どもの頃、花嫁さんごっこをしなかった？　私は花嫁役より、着付けをしたり、お化粧したり、支度をする役が好きだったのよ」

「ははは、マサコさんらしいわぁ」

笑い合う三人には、三人ともまだ結婚からほど遠いように思えた。まさかそのわずか一ヵ月後、八重子に郷里で縁談が持ち上がるとは夢にも思っていなかった。そして八重子は、すぐに嫁ぐことを決め、青森に帰っていった。

「結婚なんかまだまだって言っていたのに……」千鶴は寂しそうに呟いた。

「やっと仕事を覚えて張り切っていたのに……」マサコも唇を嚙みかけて、その口を、笑顔に作り変えた。幸せの形は人それぞれだ、と思った。

笠置シヅ子と「婦人画報」

アメリカで映画スターとして成功した早川雪洲は、そのころ活動の拠点を日本に移し、松竹で監督・主演作を撮ったり、明治座の舞台に立つようになっていた。

清人は雪洲の楽屋に豪華な花や果物を届け、食事に招き、何くれとなく世話を焼いた。

女優で夫人の青木鶴子が雪洲の息子を連れ、追って帰国すると聞くと、渋谷の伊達町に手頃な邸宅を探して来たりもする。大切な人に心を尽くす清人の姿に、マサコは教えられる気がした。そう、清人は、あれこれ細かく指導する人ではなかった。常に態度で示す人だった。

雪洲の共演者である、女優の岡田嘉子《おかだよしこ》や水谷八重子が「ハリウッド」に来店すると、当然のようにマサコが髪を任された。マサコは岡田嘉子に初めてのパーマネントをかけた美容師になった。

「高根くん、ちょっと来てくれ」

ある日、また呼ばれてマサコは「はい！」と事務室に飛んで行った。

清人はふだんよりあらたまった調子で告げた。

「これから、銀座七丁目店を任せる」

「……と言いますと？」

「君が店長になるということだ」

清人の業務命令は有無を言わせない。マサコは「はい」と答えた。

「これからジュン牛山と名乗りなさい」

「ジュン牛山……ですか？」

牛山の名をもらうということは、看板を背負うということ。そして清人の業務命令は絶対だ。ちょっと間があったが、「はい！」とマサコは答えた。

さっそく清人は女性誌の仕事を取りつけ、モデルとカメラマンを手配した。自由に髪を作らせてもらえるということ、そして、憧れていた女性誌に載るということが、たまらなくうれしかった。

「婦人画報」の撮影でモデルを務めるのは、売り出し中の歌手と聞かされていた。

「おはようございます！　よろしゅうお願いします！」

元気な関西弁がスタジオに響き、小柄な、まだ少女のような笠置《かさぎ》シヅ子が現れた。ひと目見て、野の花の精のようなイメージが浮かんだ。

――前髪を花びらのように幾重にも巻いて、横はすっきりまとめ上げよう。小さな首飾り、大きな菊の周りに、野菊をあしらって……。

ジュン牛山の名で「婦人画報」の口絵を飾ったそれは大評判で、次々に撮影の仕事が舞いこんできた。マサコは大喜びで新しい髪型を考案しては発表した。

その雑誌を持って、「こんなふうにしてください」と来る客がいても、けっして同じようにはしなかった。人それぞれ顔立ち、頭の形、肌の色、髪質は違うのだから、同じようにできない。丁重に断るマサコを見て、「何様のつもり。鼻っ柱が強いんだから」と陰口を叩く客もいたが、それよりも、自分に合ったスタイルを提案されて喜ぶ客の方が多かった。マサコのやり方は、さらに評判を呼んだ。

先輩美容師の喜久子は驚嘆の声をあげた。

「あなたってすごいのね！　どうしたら、そんな形を思いつくの？」

「どうしてでしょう……お客様やモデルの姿を見て、パッパッと思い浮かぶんです」

「美容講習所で習ったこと以外に、何かお手本があって？」

「いいえ、何も」

そう首を振ったマサコは、ふと山口の青い空、白い雲を思い出した。

「田舎の自然が……ふわふわした雲の形とか、花びらの色や広がりかた。そういったものが、先生だったかもしれません」

「まあ」と、喜久子は目を丸くした。「それじゃ、あなたの頭の中では、雲やお花と美容の仕事とが、一緒くたになってるというの？」

「そうです、そうなんです」

満面の笑みのマサコに、喜久子もつられて笑った。

日本の伝統美を重んじる喜久子は、几帳面な仕事で評判の美容師だった。清人の弟の吉次郎と結婚したのは、マサコが美容講習所に入所する前の年になる。

後輩で年下のマサコが店長に抜擢されたことを、やっかむ美容師はいた。しかしマサコ当人はまるで気にせず、たとえ意地悪されてもすぐ忘れ、ひたむきに仕事をしているだけだった。そんなマサコに、喜久子はもう呆れるような、敬服の気持ちを持っているのだった。

その喜久子の夫、吉次郎は、清人の母親違いの弟で、十年前の創業時から兄を手伝っている。清人が帰国して事業を興そうというとき、猛反対する身内の中にあって、手を挙げただけでも勇気の要ることだったろう。

「十年ひと昔って言うけれど、あっという間。まるで昨日みたばかりの悪夢みたいだ」

吉次郎は苦笑しながら、よくマサコに語って聞かせた。

神田三崎町に初めて店を開く時には、夜中、電信柱にチラシを貼って回った。神田を選んだのはたまたまだった。まだ震災後のバラックが建ち始めたころで、地代や家賃が安かったせいもある。何より米国暮らしが長かった清人は東京の事情がわかっていなかった。客はさっぱり来ず、近くのカフェで無料券をばら撒いたりもした。タダならとやって来た女給の髪をチリチリの鳥の巣にしてしまい、泣いて抗議される顚末《てんまつ》もあった。

「今では笑い話だけれど、こんなことは長続きしないと思ったね。親戚じゅうに叩かれた通り、兄貴の代で牛山家は終わりだと観念したよ」

化学を専門に学んでいた吉次郎は、清人がアメリカから持ち帰った処方箋をもとに、独自に研究を重ねてパーマネントの薬剤を作り上げた。今や木挽町のビル内では生産が間に合わなくなり、新橋の芝田村町に新しく化粧品工場が作られたばかりだ。

化粧品、美容室、美容講習所の三本柱はそれぞれが順調で、「ハリウッド」の勢いは右肩上がりだった。それは、満州事変いらい勢いを増す国の海外政策に同調しているとも言えた。満州国を作ったことで、日本は欧米から非難され、国際連盟を脱退した。この四月、満州国皇帝の溥儀《ふぎ》が来日し、横浜から東京までお祭り騒ぎになった。銀座にいたマサコたちは、その熱気を肌で感じ、喜ばしいことに思っていた。

講習所で同期だった千鶴は、それから間もなく茨城に帰って行った。寮で笑い合っていたあの日は、ずいぶん遠くなった。しかし思い出にひたる暇はなかった。

小指切断計画

「ハリウッド美容室」には、女優の夏川静江、栗島すみ子、逢初《あいぞめ》夢子、「東京行進曲」の歌手、佐藤千夜子《ちやこ》と、錚々《そうそう》たる顔ぶれが客としてやって来た。皇族や財閥の夫人、旧華族の令嬢、文化人の姿もあった。彼女らが身につけているシルバー・フォックスの毛皮や宝石に、マサコは感性を大いに刺激された。

給料が入ると洋服を新調する。おしゃれが大好きというだけでなく、いつも最新のモードを装う使命感もある。そして、洋服には良い靴が必須だ。足首の形がいいと客からほめられることもあり、靴はマサコのこだわりになった。

銀座の輸入靴専門店「ロイヤル」のウィンドウを、いつも眺めていた。爪先がきゅっと細い華奢なハイヒール。イタリア製の蛇革の靴を見つけた日には、わくわくして夜も眠れなかった。次の給料日、まっすぐ買いに行って、抱きしめるように持ち帰った。が、ただでさえ足が疲れやすい立ち仕事なうえ、先の細い靴のせいで夕方になると足が悲鳴をあげた。しまいにはハイヒールを手に持って、半べそかきながら素足で路地裏を帰る始末だ。

あきらめきれず、ある日決心して医者を訪ねた。

「この靴が履けるように、足の小指を切っていただけないでしょうか」

「あのねえ」と、医者は呆れて言った。

「日本の法律では、健全な身体にメスを入れてはいけないことになっているんですよ」

この話は美容室を大いに沸かせた。

みんな笑ったが、清人は仏頂面でマサコを呼びつけた。

「靴のために小指を切断する？　本気でそんなことを考えたのか？」

「ええ、法律なら仕方ありませんが、今でもそうしたいと思っているくらいです」

「バカなことを」

吐き捨てられて、マサコはカチンときた。

「私は、自分の身長が低いことをよく知っています。少しでもスッとした立ち姿でお客様に見栄え良くしたいんです。そのためには指一本くらいなくしたっていいと思っているんです。私は、私のやりたいようにおしゃれをするんです！」

小指切断計画はさすがに無謀だったかもしれない。しかし、その思いを誰あろう清人が理解してくれなかったことが、マサコは悔しいのだった。

「……身体を大事にしなさい。そう言いたいだけだ」

清人は一通の電報を机に置いて、事務室を出て行った。

弟の登からだった。何ごとかとマサコは急いで封を切った。近日中に上京するとだけ告げていた。

山口の防府を出てまる五年。マサコは一度も帰省していない。五年の間に大おばが亡くなり、祖父が亡くなった。そのつど弔電を打ち香典を送り、それでじゅうぶんだと母は手紙をくれていたが、本心だったかどうか。清人が気にかけてくれていたことに初めて気づき、出て行ったドアに向かって頭を下げた。

翌週、有楽町駅に降り立った二十一歳の弟に、マサコは目を丸くした。

「誰かと思った。見違えたわ、立派になって！」

「その言葉、そっくり姉さんに返すっちゃ。いやあ驚いた！」

アメリカからの輸入物、おろしたてのコートに白いベレー帽。襟には自分で作ったブローチを留めたマサコを、登は眩しげに見ていた。その登はつんつるてんの学生服だった。

少し顔を赤らめ、八重歯を見せる顔は少年時代そのままだ。マサコは嬉しくなって、登の手を取り、銀座を案内した。初めて見る街の賑やかさに圧倒されながら、登は母や姉が変

弟の登とマサコ

わりなく元気でいることを話した。「正式にまとまるまで黙ってろって言われたんだけど」と、姉に縁談があり、それも相手は神戸の大会社の息子なのだと、まるで自分の手柄のように語るのだった。

松屋百貨店の上で昼食をとり、銀座二丁目の「ライン」でコーヒーを飲むころになって、登はやっと自分の話を始めた。

「朝鮮へ行こうと思っているんだ。総督府に仕事の口があって」

「朝鮮？」とマサコの声は少しうわずった。内心驚いていた。末っ子の長男、内弁慶の登が外国へ出るとは想像もしていなかった。

「いいじゃない。行ってらっしゃいよ。でも朝鮮なんて近いわね。行くならアメリカくらいポーンと行っちゃえばいいのに」

わざと威勢よく言った。十八歳で単身渡米した「ハリー牛山」の話を、ひとしきり登に聞かせてやると、

「姉さん、その社長さんのこと、好きなのか？」

マサコは吹き出した。

「何言ってるのよ。あんたを励まそうとしてるんじゃない」

そのころ「ハリウッド」は全国に美容室と化粧品の販売店を広げ、満州、青島《チンタオ》にも支店を出そうとしている。何も怖いものなどない。マサコはそう思っていた。

日中戦争の始まり

昭和十一（一九三六）年の冬はよく雪が降った。暮れから年明けにかけて、東京市内で三十センチの積雪を記録する日もあり、市電はたびたび止まった。

その夜もしんしんと、雪のせいで明るい窓辺が気になって、マサコは珍しく寝つけずにいた。夜半過ぎ、遠くからザッザッザッ……と、不思議な音が近づいてきた。窓際を通り過ぎていくそれは、大勢の軍靴の響きのようだった。

明けて二月二十六日の朝、マサコは白い町にマント姿の青年将校がやけに多いことに気がついた。軍事演習だろうと、不思議にも思わなかった。数日経って「帝都不祥事件」と新聞に載り、政府高官が何人も殺されたことを知った。

美容室で働く者のほとんどが、なぜそんな事件が起きたか理解できず、言葉を失った。殺された高官のひとり、高橋是清《たかはしこれきよ》の娘は、美容室のお得意様だった。

そのころから東京市内のあちこちで、バケツリレーや、負傷者を担架で運ぶといった、非常事態に備える訓練が行われるようになった。

その翌年、「ハリウッド」はまつげ用化粧品「マスカラ」を発売した。六月には有楽町二丁目に「ニユー・トーキヨー」ビルが落成。地上五階、地下一階の真っ白なビルは、銀座の入口の華やかなシンボルとなった。それからひと月も経たない七月の頭、中国の盧溝《ろこう》橋《きょう》で、日本軍と中国国民革命軍が衝突、新聞は大きな見出しで「支那事変」と伝えた。

日中戦争の始まり——という実感はなかった。「ハリウッド」を襲ったのは、急激な物資不足だった。その十月からの貿易統制で、香料や外国製の化粧品、化粧品原料が輸入禁止になったからだ。

清人の弟、吉次郎は国産品を求めて奔走し、北海道や大阪の老舗香料会社にまで生産をかけ合いに行った。

そんな混乱の中、清人の妻はふたりの子どもを残し、肺炎で亡くなった。

ハリー社長を射止めるのは誰？

物資不足のさなかにも、美容室に客が来ない日はなかった。

「パーマネントはやめましょう、とか言っているのを、聞いたわ」

そのような標語が出回っているという噂があったが、マサコの客たちはまだ、微笑んで語るほどのゆとりがあった。パーマネントがかけられなくなるなどと、誰も思っていなかったのだ。戦争は遠く、中国か満州の方で起きているという感覚だった。

そんなある日、「どの家庭にもある身近なもので、何か美容法を提案していただきたい」と雑誌社から依頼があった。節約、倹約が目的らしい。頭をひねったマサコは子どもの頃に母と作ったヘチマの化粧水を思い出した。ヘチマはキュウリで代用できるはず……というわけで、キュウリの搾り汁とメリケン粉でパックを作ってみた。これが大好評だった。

ご機嫌で楽しく仕事を続けていたマサコは、ある日、美容室の空気が何となく怪しいことに気がついた。

「独身になったハリー社長を射止めるのは誰でしょう？」

そんな話が美容師たちの間で囁かれているのだった。清人はもともと女優たちにもてていた。美容室で髪と化粧を整えた美人女優が清人と連れ立って食事に出かける姿を、マサコも何度も見てきた。

「でも、いくらきれいでも女優さんじゃねえ」

「そうよ、美容院の経営者の伴侶は、やっぱり美容師でないと」

美容師たちもその座を狙っているらしい。

みんなが色めき立つなか、マサコは涼しい顔でひたすら仕事を続けた。清人のために張り切っている女優が来れば、最大限、彼女の美しさを引き出す努力をした。何のためか自分でもわからないが、それがマサコの戦い方だった。

そうしてひたむきに働くマサコに、ある日いつものように声がかかった。

「高根くん、ちょっと来てくれたまえ！」

呼んでおきながら、清人は何か言い出しかねているようだった。

マサコは壁に掲げられた額に何気なく目をやった。それは昭和七（一九三二）年の秋、拡張にさいして、清人のおじの藤原咲平が書いて送ってくれたという書だった。

「先義　後利　象望　帰矣　摂身　慈下　宗道　長焉」

（義を先んじ、利を後とすれば、望みはかたちとなって、帰ってくるのだ、身を養生して、人々をいつくしめば、先祖からの道は、長く続くのだ）——

額を見つめるマサコに、清人はようやく口を開いた。

「高根くん。あなた、私と結婚しなさい」

「はい！」

と、いつものように答えてから、マサコは「えっ？　……」と耳を疑った。

結婚前、海辺でデート。
清人のライカで撮影

第四章
戦争・おしゃれ・蝶々夫人

パーマネントはやめませう

清人の恩人に、ポール・ラッシュというアメリカ人宣教師がいる。

最初の神田の美容室にさっぱり客が来ず、頭を抱えていた時のことだ。通りすがりに英文字の看板を見て、不思議そうに声をかけてきたのが彼だった。

「こんなところで美容サロンを？　外を見てごらんなさい、歩いているのは男の学生ばかりですよ？」

英語が堪能な清人は、自分が帰国して間もないことや、マックス・ファクターの技術を持ち帰っていることを細かく説明した。

「そういうことなら、銀座に店を出すべきではありませんか？」

「銀座で出すには資金が足りないのです」

「では夏の間、軽井沢に行ってはどうでしょう？」

夏の軽井沢には、避暑で別荘暮らしをする裕福な人々がいる。外国人も多い。美容サービスを提供すれば、きっと需要があるだろう。軽井沢で評判を得た上で、銀座に店を出せばいい。店名は、せっかくハリウッド帰りなのだから「ハリウッドビューティサロン」にしてはどうか。

ポール師は関東大震災の二年後、ＹＭＣＡの再建のために来日した人だった。立教大学教授となって日本に残留することを選び、聖路加病院の建設に尽力し、アメリカン・フットボールの紹介にも努める親日家だった。

助言に従って、清人は夫人とともに軽井沢でひと夏だけのサロンを開いた。大正十五（一九二六）年のことだ。結果、外交官夫人や華族の夫人、令嬢、女優などで大盛況となった。一回の施術が五十円から百円。一流企業の初任給が六十五円のころに、彼女たちは惜しげもなく料金を払い、清人の支持者となった。そして、銀座に出店する道が開かれたのだった。

その大恩人ポール・ラッシュが、山梨県の清里に念願のキリスト教施設「清泉寮」を建設し、落成式が行われたという吉報が届いたばかりのころ。

清人は陰鬱な顔でため息をついていた。

まだ美容室の開店前だった。マサコは朝一番に来て、事務室にいた清人に気がついた。

「どうなさったんですか？」

「ポール師が、日本の外務省の要請で中国に視察に行くそうだ」

「何を視察に行くんです？」

「欧米に対して、中国における日本の立場を弁護してほしいということだろう。大役だよ。事故がなければいいんだがね」

清人にとって大切な人が危険な土地へ行く。マサコは初めて戦争を身近に感じてぞっとなった。

「大丈夫ですよ。きっと日本のために役立って、無事に帰ってらしてくださるでしょう」

さあ、お店を開けなくちゃ、とマサコは明るくてきぱきと準備を始めた。

――あの求婚は本気だったのだろうか。

手を動かしながら、マサコは考える。

冗談を言う人ではない。ましてや職場で業務命令のように「結婚しなさい」などと。しかしその後、甘やかな時間があったわけでもない。以前と同じ、経営者と店長としてのやり取りが続いているだけだ。そのことがありがたくもある。二十七歳、適齢期を過ぎたことは十分わかっているが、結婚より仕事という気持ちは変わらない。

美容室の客だった女優の岡田嘉子が北海道から越境してソ連に渡った。あの豊かな黒髪の感触を、この手は昨日のことのように覚えている。

どうして美しい日本の女優が異国に渡らねばならないのか。

春には国家総動員法ができて、あらゆる創作・芸術活動に制限が設けられた。「パーマネントはやめませう」の標語も頻繁に見かけるようになった。おしゃれの何がいけないのか。ポール・ラッシュがなぜ危険な場所へ行かねばならないのか。

疑問を口に出すより、それがお国のためと信じなければならなかった。そうしていれば、張り切って仕事が続けられた。結婚よりも、戦争よりも、マサコには目の前の女性を美しく、幸せにすることが大事だった。

結婚は、やはり業務命令なのだ

「高根マサコさんですね？」

帰り道、声をかけられてマサコは振り返った。中折れ帽をひょいと挙げて、丸眼鏡にちょび髭の紳士が微笑んでいた。

「はじめまして。牛山清人のおじで、藤原咲平と申します」

あっ……と、マサコは頭を下げた。いつか話に聞いた〝お天気博士〟だ。

「あなたのことは、清人のいとこの藤原寛人からも聞いております。その節は、ずいぶんとおいしい家庭料理をご馳走になりましたそうで」

「いえ、いえ、とんでもない、お恥ずかしいことでございます」

富士山から降りて来たばかりの人懐こい丸顔を思い出し、マサコは微笑んだ。

何か清人のことで話があって来たのだろう。マサコは近くの喫茶店に案内した。

咲平は学者らしく、飾らない言葉で語りだした。じつは前にも一度、マサコが働く姿を見に来たことがあるという。腕が立ち、とびきり働き者の美容師がいると清人から聞いていた。再婚を考えてはどうかと勧めたのは、この咲平だった。

「お聞き及びと思いますが、清人は家督を擲《なげう》って今の事業を始めたような男でね。子持ちのやもめでもある。媒酌人を頼まれた身としては、あなたにそういう男と添い遂げる覚悟がおありかどうか、直にうかがっておきたいと思ったわけなんです」

「媒酌人……」

するると「あの求婚は本気だったのだ」「抜き差しならないことになった」と思うと同時に、どっしりと構えて、この立派なおじと話そうという心構えができた。

「マサコさん。失礼ながら山口のあなたの家について調べさせてもらいました。旧家の体面というやつでね、そうするのが私の義務だった。もちろん調べた結果、何の問題もないので、ここにこうして来ておるわけです」

「はい」とマサコはまっすぐに答えた。自分の家に恥ずべきところは何もない。もし家柄がどうのと言われるなら、こちらから願い下げだ。

「清人は無鉄砲で激しいところがあるが、嘘のない男です」

渡米の相談を受けた頃の話を、咲平は淡々と語り出した。

清人はその頃まだ学生で、夏休みに上諏訪から上京し、咲平が勤務していたお台場の気象測候所まで押しかけた。親戚じゅうが渡米に猛反対する中、頼みの綱はこの咲平おじさんだけだったのだ。咲平は無責任に応援するわけにもいかず、どうしたものかと思っているうちに、清人はさっさと英会話教室に通い始めた。

そのひらめきと行動力は大したもので、ある日、咲平の勤める測候所への道案内板を気をきかせて作った。お台場は広々と景観が良く、涼みに来る者が勝手に地所に立ち入るので仕事の邪魔になってしかたがないと、咲平が何気なくもらしたことへの解決策だった。効果はてきめんで、咲平はいたく感激した。

「お前には確かに天分がある。諏訪の山に埋もれさすのは惜しい。アメリカへ行ったら、とにかく命懸けで頑張ることだ」

親類を説得して清人の渡米を実現させた咲平は、その七年後、帰国した清人から美容事業の計画を聞き、またも親類を説得することになる。

「一度言い出したら、清人はテコでも動きません。私は五十四になるこの年まで、実にいろいろな人を見てきました。堅い物理学者でありながら柔らかく面白い文章を書く寺田《てらだ》寅《とら》彦《ひこ》。上諏訪出身の軍人、永田《ながた》鉄山《てつざん》。特異な人と親交し、満州国を建てるために中国へ行った、ロンドンへも行った。けれども、あれほど強情な男は、ほかに知らないのですよ。……さて、そこで、あなたの気持ちです」

マサコは頷き、ティーカップに初めて口をつけた。紅茶はすっかり冷めていたがレモンの酸味が立って、すっとのどを潤した。

「私は美容の仕事をしていきたいんです。女が何をと思われるかもしれませんが、これは私の天職です」

　咲平はにこにこ頷いている。

「結婚して、もし、今までのように仕事ができなくなるのでしたら……」

「それはありません」

　かぶせるように咲平は言った。

「私は美容業界には明るくないが、男の経営者ひとりでは立ちゆかないことは想像がつきます。美容師は、もっぱら女性相手の仕事でしょう？」

「ええ。男性のお客様はいらっしゃいません。……いえ、一度だけ、うちの美容室に浅草のコメディアンが来たことがありましたわ。話題作りのためです。〈男子禁制の女の園を訪問！〉なんて新聞に書かれまして」

「なるほど、その話だけでもよくわかります」

「何がわかるのでしょうか？」

「男が表舞台には立てない世界だということですよ。アメリカ帰りのハリー牛山は、ちょっとは知られた文化人で、新聞や雑誌、ラジオにもたびたび出ましたが、今後はそうはいかない。女性相手の商売には、やはり女性が表舞台に立つべきだと。これは、清人自身が言ったことなのです」

「ジュン牛山」を名乗らせた頃から、清人はそう考えていたのだろうか。

「清人には、車の両輪となって、ともに走り続ける伴侶が必要なのです。私は、あなたがそれにふさわしい女性だと思っています」

「よくわかりました」

マサコはきっぱり答えた。この結婚は、やはり業務命令なのだ。

「藤原博士。まだまだ未熟者ですが、どうぞ今後とも、よろしくお願い申し上げます」

席を立って最敬礼で頭を下げると、「いやいや」と咲平も慌てて中腰になった。

「博士ではなく、おじと呼んでください。何でしたら、結婚後も仕事を優先させると、清人のやつに誓約書を書かせましょうかな?」

そんな、とマサコは笑った。咲平も「あっはっは」と声をたてて笑った。その笑い声は、いとこと笑い合った時の清人とそっくりだった。

咲平はやれやれと肩の力を抜いて、長野の霧ヶ峰でグライダーの操縦練習をしていることや、飛行機のメカニズムについて話し始めた。雲はなぜできるのか、台風はなぜ発生するのか。聞きたいことがたくさんあって、話は尽きない。

マサコはこのおじが大好きになった。

結婚生活の五箇条

昭和十四（一九三九）年一月十五日、マサコは清人と結婚した。挙式は築地本願寺、披露宴は帝国ホテルで行われた。

ウェディング・ドレスとベールは、清人のアメリカ時代の友人の手製だった。

「きれいだ」

初めて言われたそのひと言がうれしくて、マサコは心から「ありがとうございます」と言った。

「あなたも、とっても素敵です」

これほどモーニングが似合う日本人男性はいまい。「ありがとう」と、清人も言った。

――きれいだね。――ありがとう。……これに勝る会話はない。いつもきれいだと言われるようにしよう。いつも感謝の気持ちでいよう。そうしたらきっと、幸せでいられる。

マサコはそう心に誓った。

披露宴の来賓たちは、西洋人形のようなマサコのドレス姿に息を飲んだ。新聞社のカメラがフラッシュを焚き、記者が取り囲んだ。

新進美容家「メイ牛山」の誕生だった。

ふたりは一ヵ月がかりの国内旅行に出た。全国の支店を訪ね、友人や知人、恩人に挨拶をしてまわるという、仕事の延長としての新婚旅行だった。

夜汽車の中、清人は一通の封書をマサコに手渡した。「契約書」と毛筆で書かれている。

「まあ、本当に書いてくださったのですね？」

「夫婦間で契約書を交わすことは、アメリカでは珍しくないよ」

マサコはにこにこしながら封を開け、きちんと折りたたまれた紙を開いた。

たがいにいたわりあうこと、仕事第一で子育てはしなくて良いこと、男を作ってはいけないこと、そのほか細々とした常識的な事柄に加えて、一つの項目が目に留まった。

「〈結核に罹《かか》った際は別居すること〉……」

「ああ。冷たいようだが、万一どちらかが罹った時は、そうすることを約束しておきたい。母を結核で亡くしているのでね……」

清人の母は、先に罹った妹を献身的に看病するうちに自らも感染し、二十二歳の若さで命を落とした。清人は一歳になったばかりで母の顔すら覚

マサコと若手実業家である清人の結婚は、多くの新聞に取り上げられた

えていない。アメリカから帰国後、初めてその愛情の深さに触れた。母は亡くなる前に、いつか清人に何かあった時のためにと、手紙と五百円の金を父（清人の祖父）に託していたのだった。手紙には、我が子に病気をうつすまいと心を鬼にして自分を隔離し、回復に努める思いが切々とつづられていた。

「いくら大事な人を助けたいと思っても、それで自分が命を落としてはおしまいだ。悲しみを増やさないために、自分の身は守らなければならない」

ペンを渡されて、マサコは契約書の末尾にサインした。

「メイ牛山」

——これからの私の名前。

清人が手を握って言った。

「君の手は、温かく厚みがあって柔らかいんだな。美容師に向いた手だ」

「今さら何をおっしゃるのですか。これでも売れっ子美容師なんですよ」

ふたりの笑顔を暗い車窓が映し取り、夜汽車はごとんごとんと走り続ける。

清人が眠りに落ちてから、マサコは再びペンを取り、手帳に書きつけてみた。

「メイ牛山」。早くこの名前に慣れなくてはいけない。もう一度「メイ牛山」と書く。車の両輪となってともに走り続ける、伴侶としての自分の名。

そうだわ、と思いついた。「メイ牛山の結婚生活五箇条」を考えよう。

「家庭では良き母になる」

「良い女になる」

「仕事を持っているからには良い師匠になる」

「夫の看護婦になる」

「夫の栄養士になる」

——この五箇条が守れたとしたら、私の結婚生活は完璧ね。

特に「良い女になる」は肝心かなめだろう。結婚して子どもができると、とたんに所帯やつれする、というのはよく聞く話だ。麻布森元町のくたびれたおばを思い出す。妻に魅力がなくなれば、夫の気持ちが離れていくのは無理もない。夫の浮気問題を抱えた客を少なからず相手にしてきたからこそ、今はそう思う。中にはひと晩にしてごっそり髪が抜けてしまった奥さんもいた。ああいうことになってはいけない。

不幸を自分で作ってはいけない。もし不幸になったとしても、人間が招いたことである以上、どんな不幸だって解決できるはずだ。男を責める前に、女を磨くことを忘れた自分を反省して、磨き直せばいい。誰にだってそれは、必ずできる。

——私はやきもちを焼く奥さんになるのではなく、夫にやきもちを焼かせる奥さんになる。

旅は熱海から名古屋、神戸へと西へ向かい、神戸から九州までは、オーストラリアへ行く外国航路の客船に便乗した。

「この船は遠い外国まで行くのね。このまま乗って行きたい気がしますわ」

「いつか行くさ。アメリカにも、ヨーロッパにも」

戦争は日本が勝って間もなく終わり、再び豊かな時代が来るに違いない。客船のデッキで大海原を眺めている新婚のふたりは、意気揚々と、そんなことを考えていた。

里帰り

「えっ？　本当にあなた、高根マサコさんなの？」

旅の途中、山口の防府に帰省した「メイ牛山」は、故郷の人々を大いに驚かせた。お世話になった女紅学校の先生は、目の前の洋装の夫人がマサコと同一人物とはどうしても思えない様子だ。「目玉サンクロウ」と呼んでいたふとどきな男の子たちはいい若者になって、噂を聞いて家まで覗きにやって来た。荒物屋のマーちゃんはふたりの男の子の母親になり、「マサコちゃん、あっぱれじゃ」と貫禄の笑みで言った。

母のテイはとりたてて大げさな歓迎はせず、まるでちょっと留守にしていただけのように、笑顔で懐かしい手料理を並べ、仕立てておいた着物を出してくれた。

「落ち着いて見えるだろうけど、母さんずっと心配してたんだぜ」

朝鮮から一時帰国していた登がこっそり耳打ちした。

「東京に出したのは、都会で良縁があればこそって期待してたんだ。ヨシ姉さんみたいに、大企業の奥さまに収まるのが理想だったんだろうな」

姉のヨシは縁談がまとまり、すでに神戸に嫁いでいる。

「マサコ姉さんが、まさか清人さんのような人と結婚するとは思っていなかったんだ。事業を一緒にやっていくなんてこれからどんなに大変だろうって」

「私が望んだのよ。清人さんのお眼鏡にかなっただけじゃなく、私が選んだ結婚なの。きっといろんなことがあるだろうけれど、大変だなんて思わないわ」

　母の心配はよくわかった。母が働いたのは子どもたちのためであって、けっして職業婦人をよしとしていたわけではない。嫁いで家庭に収まるのが女の幸せ。少なくとも娘にはそうなってほしいと願っていただろう。それでも反対するようなことは何ひとつ言わなかった。

「ところで、登の方はどうなの？　そろそろお嫁さんをもらってもいいんじゃない？」

母テイと再会したマサコ

「お眼鏡にかなう人が、なかなかなくってね」

「あら、どんな人がいいのよ？」

「……むかしフミちゃんてかわいい子がいたろう？」

二十五になって赤くなっている登がかわいくてたまらなく、マサコは子どもの頃のように小突いてじゃれ合った。

素敵な女性　ていさん

「メイさん、メイさん」

誰よりも早く、清人のいとこの藤原寛人がそう呼ぶようになった。

気象庁の役人として忙しく飛び回っている寛人は、少し時間が空くとやって来て、マサコと清人の麴町《こうじまち》の新居で食事をともにするのを楽しみにしていた。寛人が来ると、「おお来たか」と清人も子どものような無邪気な笑顔を見せる。

「メイさん、清人兄さん。僕も身を固めることになりましたよ」

「まあ寛人さん、おめでとうございます！」

故郷の諏訪で見合いをし、縁談がまとまり、その相手の名が「てい」だという。たまたま母と同じ名前だったので、マサコはますますうれしくなった。

「結婚したら、千葉の官舎で暮らすことになるんです。ここへ寄りにくくなるかなあ」

「何を言うの、お嫁さんを連れて、いつでもいらっしゃいよ」

やがて麹町の家に、寛人はていを連れて来た。メイは応接室に花を飾って迎えた。

「やあ、おめでとう！」

きちんと背広を着て、優雅に出迎える清人に、諏訪から出てきたばかりのていは気後れしている様子だった。が、少し話すうちに、物静かだが眼差しの強い、芯の通った女性だとわかってきた。寛人と並ぶと丸い面立ちがまるで兄妹のようだ。

「ていさん、あなたの結婚式のお支度、私に任せていただけないかしら？」

「まあ、よろしいんですか？」

ていは場違いではないかと遠慮がちに、「ハリウッド美容室」を訪ねて来た。

マサコに髪を任せるとすぐ、驚いて言った。

「髪を結われる時は、ぐいぐいと引っ張られる感じがするものだけれど……」

「何も感じないって、よく言われます。私がお客

ハリウッド美容室の前で、結婚直前の藤原寛人（のちの新田次郎）と藤原てい

様の髪に触れると、髪の方が手について来てくれるような気がするんですよ。この仕事が好きで好きでたまらないから、それが髪に伝わるのかもしれませんね」

マサコの手は、ていの情の深さを感じ取っていた。これが寛人の選んだ女性なのだ。

「じつはもう何度もお見合いをさせられて。私、なかなか決められずにいたんです。それが寛人さんと会った瞬間、もぎたての果物のような人だ、この人と結婚しよう、と思ったんです。不思議ですね。こういうことは説明がつかないのだけれど」

「縁というのはそういうものなのでしょうね」

マサコは手を動かしながら言った。

「せっかくご縁があって出会えたのだから、大切に育んでいかなければって思うの。私も結婚四ヵ月ですもの、これからだわ」

「これから……。そうね、長い結婚生活の間には、きっと思いもよらないことがあるんでしょうね。夫の欠点を見つけたり、自分の未熟さを思い知ったり。でも未熟って、その先に成長があるということですものね」

やはりこの人は素敵な女性だ、とマサコは思った。きれいに結いあげた髪に花を飾り、ていと寛人のふたりを「ハリウッド美容室」の店の前に立たせた。清人はアメリカから持ち帰った写真機を出してきて、ファインダーを覗いた。

「ふたりとも、表情が硬いぞ。笑え、笑え！」

「あなたそんな、叱るような言い方をしたら、ますます硬くなるじゃありませんか」

マサコが清人の傍らに立ち、二人に笑顔で手を振った。

「さあ、撮りますよ！」

太陽のような笑顔につられ、笑ったふたりに、ライカがカシャッとシャッターを切った。

しのびよる戦争の影

新婚らしい華やいだ雰囲気はなかった。

マサコは看板美容師・メイ牛山となって店に立ち続け、寮の食事も変わらずに作り続けていた。変わったことといえば、清人の好みに合わせて洋食が増えたことくらいだ。

恩師ポール・ラッシュは中国の視察から無事帰国した。しかし、在日のキリスト教徒や宣教師は、辛い立場に追いこまれようとしている。日中戦争の激化にともなって、アメリカは日本への批判の声を日に日に高め、その反動で、日本の軍閥はキリスト教徒に抑圧を加え始めていた。親日家ポール師は、日本と故国との和平を祈りながら、両者の板ばさみになっているのだった。

ポール師と連絡を取り合ってはため息をつく夫に、マサコは、戦局が厳しいことを察した。銀座の街に目に見えた変化はない。服部時計店の鐘も、風に揺れる柳も美しいままだ。映画館にも変わらずよく行っている。新橋の中通りの角には、新しい映画館「銀座全線座」ができた。西洋のお城のような尖塔があって、チャップリンの『流線型時代（モダン・タイムス）』や、『オーケストラの少女』をかけていた。

変化はじわじわとやって来た。

「パーマネントはやめませう」

当たり前に見かけるようになった標語だが、この七月、ついに新聞に大きく「パーマネント弾圧」と見出しが載った。

いつの間にか国民精神総動員委員会という、戦意高揚のための全国運動組織ができていた。そして国民生活刷新案の一項として、「婦女子のパーマネント、華美な化粧の廃止」が提唱されたのだった。

法律で禁じられたわけではないので、「ハリウッド美容室」は変わらず施術を行っていたが、パーマネントに来る客は明らかに減っていった。劇的な変化というより、徐々に染まっていくような変化だった。目立ちたくないからと自主規制する風潮が生まれ、気がつくと蔓延していた、という感じだった。

化粧品製造も日に日に先細っていく。原材料の調達がいよいよ難しくなり、清人の弟、吉次郎は闇ルートにまで手を伸ばしていた。そうまでしてでも、求める客の声には応えたかった。マスカラやアイメイク用の化粧品、口紅などは、原料がないことよりも、まず華美を嫌う風潮から売れなくなっている。

「お化粧にも戦時調と云ふものがあります。未だに平和時の厚化粧では明らかに敵性米英調と云はれても仕方ないでせう」

などと、他社では「みだしなみ」「健康美」を強調するようになった。

「ハリウッド化粧品」は時流に逆らうとして雑誌広告を載せられなくなり、せめて基礎化粧品はと思っても、容器の製造すらままならない。ハマグリの貝殻が工場に持ちこまれた日には、吉次郎は呆然としながらクリームを貝殻に充填した。

巷では、粗悪なヤミ化粧品も出回っていた。値が張っても良い品を、と守り続けていた清人の主義は、あっという間に立ちゆかなくなっていった。

昭和十四年という年は、結婚と「メイ牛山」の誕生で始まり、苦境のうちに過ぎていった。

——私の結婚は、この苦境を乗り切るための結婚かもしれない。

パーマネントの器械には熱が入れられず、冷たいまま美容室の片隅に置かれている。

——きっとすぐに、また出番が来るわ。それまで待っていてね。

国が勝って戦争は間もなく終わるのだ。喜んでこの苦境を乗り越えてみせる。来年か、再来年か。必ずまたよい時が来る。

早川雪洲の妻

翌年、マサコは初めての子どもを産んだ。男の子で重二《じゅうじ》と名付けられた。母になれた感激はひとしおだったが、中国との戦争は続き、物資不足は悪化するばかりだった。とにかく日用品が手に入らない。砂糖や石けん、米を買うのにも苦労する。子どもを飢えさせはしまいと、マサコは毎日店を開け続けていた。

客がセットに来ても、できることは限られていた。例の「提唱」で、前髪はカールを三つ、後ろは巻いても一ロールだけ、それ以上髪を巻いては華美になるので良くないとされた。「鉄兜《てつかぶと》スタイル」と揶揄《やゆ》された無粋な形もさることながら、そもそも決められた同じスタイルばかり作るのは、マサコには苦痛以外の何ものでもない。

「どうだ、気分転換に歌舞伎座でも行ってみるか」

清人がある日、三浦環《みうらたまき》の公演の切符を差し出した。

「まあ、オペラですか⁉」

三浦環の名前は知っていた。イギリス、アメリカ、本場イタリアと各国で舞台を成功させてきた日本人女性オペラ歌手。五十代半ばの三浦環が、その代名詞ともなった「蝶々夫人」を日本語訳詞で歌いあげるのを間近に見て、マサコは生き返るような心地がした。こんな時世にも、気高く、美しく、堂々とした日本の女性がいるのだ。

マサコはその歌声を聴きながら、早川雪洲の妻のことを思った。

「鶴子さんはどうしているだろう」

隣の席で清人がつぶやいたので、マサコは驚いた。

「私も今、鶴子さんのことを考えていたんです。ひとりで子どもを抱えて大変だろうと」

「何か滋養のあるものを見つくろって、持って行ってあげなさい」

自分の家族より恩人の家を心配する。清人はそういう人だった。

次の日マサコはなじみの店を回り、卵や干物を買えるだけ買った。台所の砂糖を小袋に分けようとしたが、結局ありったけ持って行くことにした。

早川雪洲は日支事変が起きる前の年、舞台公演の計画を装った詐欺にあい、破産して単身パリに渡ってしまった。その後ウィーン社交界育ちの声楽家、田中路子とのロマンスが日本に伝わったりもしたが、噂話より、日本に残された鶴子夫人が心配だった。

渋めの色の古典柄の訪問着を着て、マサコは子どもをおぶって市電を乗り継いだ。牛込の路地の小さな借家に、五十一歳になろうとする鶴子は三人の子どもと暮らしていた。

「鶴子さん、この子たちは……？」

アメリカから連れ帰った男の子がいたのは知っている。その下に女の子がふたりいて、マサコが背から下ろした重二をあやし始めた。

「この姉妹も雪洲の子ですよ」

私が産んだ子ではないという意味だった。鶴子は邪気のない笑みをたたえ、座布団を裏返して勧めた。部屋は日当たりが悪いが清潔で、子どものおもちゃも箱に片付いていた。湯を沸かしに立つ鶴子の姿にマサコは見とれた。きちんと着物を着こなし、顔には白粉を叩いている。今では雪洲の方がずっと有名になったが、ほんらい青木鶴子はそれよりキャリアが長く、日本人女優としてアメリカで活躍した人なのだ。

「美容のお仕事は今、大変なのでしょうね」

この人もまた、自分より他人のことを心配している。

「少しの間の辛抱と思ってやっていますわ。以前のようにお客様はいらっしゃらないけれど、まだ官僚や軍関係の方の奥様はいらっしゃるんです」

「化粧品の広告はみんな、質素美とか簡素美とか言いますでしょ。自由のないおしゃれなんて、おしゃれなのかしら、と思うんですけれど」

「鶴子さん」と、思わずマサコは身を乗り出した。

鶴子は微笑んだまま、細い指先で口にチャックのしぐさをした。

「アメリカが長かったものだから、私、口を滑らせて妙なことを言うんです」

「いいえ、その通りだと思います。今は雑誌の記事でも広告でも、みんなお仕着せになってしまいました。お化粧は身だしなみ、けっして派手にしてはいけない。お洋服も着物もこんなものを着るべきだって。どうしてそんなこと、上から決められなきゃいけないんでしょう？　どうしておしゃれは戦争の敵なんでしょう？　国が戦っていることに、おしゃれは何の関係もないじゃありませんか？」

「そうね」

　鶴子は静かに相づちを打った。

「ごめんなさい、つい……」

　マサコは慌てて口をつぐみ、ハンカチを握りしめた。つい先日新聞に載った痛ましい事件を思い出していた。髪型や服装を特高から厳しく注意され、非国民と罵《ののし》られた女子学生が、自殺したという。

「わかりますよ。ハリーさんはアメリカのすばらしいものを日本に広めようとしてきた。あなたはそれを第一に実践する立場にあるのに、できずにいるのですものね」

　傍らで遊んでいる子どもたちを見やって、鶴子はぽつりと言った。

「あのおもちゃも、もうじき捨てなくてはいけなくなるわ」

　箱から出された青い眼の人形。ポパイ、ミッキーマウスやベティちゃん。

　ふたりの女がその時考えていたことは同じだった。それは、女の私たちならば絶対に戦争をしないだろう、ということだ。

　雪洲の子どもたちにあやされて、もうすぐ満一歳になる重二の笑い声が響いている。手の中のハンカチは、いつしか花の形になっていた。無意識に何かきれいなものを作ろうとする、マサコの手の癖だった。

街からおしゃれが消えた日

年が明けてすぐ、翼賛型《よくさんがた》美人《びじん》と称する新婦人の理想像が提唱された。大正時代いらいのほっそりとした柳腰の女性美はそこにはなく、お国のために子どもをたくさん産んで育てる女のたくましい姿が理想像として描かれていた。

その記事が新聞に載った翌日、マサコは三十歳の誕生日を迎えた。紙不足で新聞も薄く、粗悪な印刷になっている。

外来語の類は「敵性語」と言われるようになり、すべて日本語に言い換えられた。法律で禁じられたわけではなく、何もかもがこぞって、当たり前のように、そうされていった。「ドレミファソラシド」は「ハニホヘトイロハ」に。「ワシントン靴店」は「東條靴店」に。「ハリウッド美容室」は「牛山美容室」に。

マサコの二人めの子ども克三は、出産後すぐ亡くなってしまった。それでもなお、マサコは「牛山美容室」で客を待ち続けた。

昭和十六（一九四一）年十二月八日、日本海軍はハワイ・オアフ島の真珠湾にあった米軍基地を急襲した。朝からラジオは勇ましい音楽とともに、その急襲作戦の「成功」を伝えている。

間もなくアメリカが参戦を宣言。長い中国との戦争は終わるどころか、いよいよ太平洋戦争の始まりだった。翌年にかけて、日本軍の快進撃が次々に喧伝され、国民は「行け行けどんどん」の空気に飲まれていった。

マサコは周囲から取り残されていくような感覚を覚えた。克三を亡くしてぽっかりと空いた穴が、塞がるどころか日々広がっていくようだった。「また産めばいい」「またすぐできる」と励まされる。「産めよ増やせよ」と国が言う。しかし、どうしたって、亡くした子どもが取り戻せるわけではない。

追い打ちをかけるように、嫌なことがあった。

ある日銀座の小路を歩いていたら、コツンと背に何か当たった。振り返ると、「鬼畜米英！」と叫んで駆けて行く男がいた。

わけがわからず、帰宅して清人に話すと、

「アメリカ人に間違えられたんだろう」

そういうことか、と腑に落ちた。顔立ちが外国人のようだと子どもの頃から言われてはいた。が、このところ洋装で歩いていると、冷ややかな視線を浴びたり、後ろ指をさされることもしばしばあった。

「冗談じゃありません。いいえ、誤解されたことを怒るんじゃないのです。何があろうと女に石をぶつけるなんて。子どもを連れていて、もし当たったりしたら……許せませんよ、絶対に……！」

亡くした子どもへの想いまでこみ上げ、マサコの目からはらはらと涙がこぼれた。清人はマサコを抱き寄せ、子どもにするように頭を撫でて言った。

「あなたに怪我がなくてよかった」

そのひと言だけで涙はすぐに止まった。めそめそしている場合ではない。

「さあ、今日もまた働きますよ！」

自分の中に生じた暗く重たいものを吹き飛ばすように、マサコは明るく、元気に店を開けた。そうしていると不思議に勇ましく、清々しい気持ちになれた。銀座を練り歩く旗行列、提灯行列、戦勝ムードに華やぐラジオ放送が、喜ばしいものに思われてくるのだった。

ある日清人は、弟の吉次郎と喜久子の夫婦に上海での開業を持ちかけた。

「子どものいないお前たちは身軽だろう、上海の友人に掛け合って、とびきり良い場所を確保した。ひとつ思い切って羽ばたいて、外地へ出てみてはどうだ？」

上海キャセイ・ホテルのアーケードという一等地に「ミセス・ウシヤマ美容室」が開かれることになった。

マサコの弟、登は、朝鮮総督府が管轄する専売公社で元気に働いているようだった。台風の直撃で甚大な被害を受けた山口の防府では、復興工事に引き続き、三田尻一帯で大工事が始められた。母からの手紙では、陸軍飛行場ができるということだった。

昭和十七（一九四二）年四月、米軍B‐25爆撃機が十数機、東京上空に飛来、初めての本土空襲で死者が出た。戦争はもう遠いところで起きているものではなくなった。「敵空軍の来襲、断じて許せぬ」「爆弾恐るゝに足らず」と新聞は書きたて、街角には「撃ちてし止まむ」のポスターが貼られた。

最後のパーマネント

人びとは庭に防空壕を掘り、消火訓練にいそしんだ。灯火管制で、マサコも明かりを風呂敷で覆った。蠟燭を灯すと重二がはしゃいだ。暗い居間でマサコは子どもの頃に歌っていた童謡や、こっそりと、オペラ「蝶々夫人」の一節を口ずさんだ。

翌年になると、街から色が消えていくことに、マサコは敏感に気がついた。人びとは国民服、モンペ姿で、バスまで暗い色に塗り変えられた。

上野動物園の熊やライオンたち猛獣は、空襲で檻が破壊される可能性に備えて射殺されることになった。金属回収令というものも出され、それがお国のためならと、マサコも台所の鍋や銀食器を供出した。その年、女子学生や子どもにも勤労奉仕が課せられ、ついに十月の雨の日、学徒出陣の壮行会が神宮外苑で行われた。戦意高揚はいっそう勇ましく叫ばれていた。そのことが戦局の厳しさを裏づけていると、誰もが気づきながら、口に出すことはなかった。

藤原寛人とていの夫妻は、二歳になった長男を連れて満州に渡って行った。おじの藤原咲平のつてで、新京の中央観象台に仕事を得たのだった。ていは八ヵ月の身重だったが、満鉄病院で丈夫な二番めの男の子を無事出産したと伝えてきた。

ポール・ラッシュ師は敵国人として日本の警察に抑留された後、横浜港を出港し、アメリカに送還された。

「私の心はいつも日本にあることを忘れないでほしい」

と、清人への手紙に書かれていた。

物資不足により、営業を停止する会社は相次ぎ、軍需会社も次々に地方に疎開していった。それでも「牛山美容室」は踏んばって店を開け続けていた。が、ついにパーマネントは法律で禁止された。電力不足により、「長髪用電熱器の使用禁止」が定められたのだ。

その時ばかりは店が密やかににぎわった。「銃後の守りを固めよ！」と言われる日々、最後のパーマネントをかけたいという女性たちが駆けこんだのだ。

マサコはとても納得がいった。

——どんな世の中になっても、女のおしゃれ心がなくなってしまうことはない。それだけは確かだわ。

「空の要塞」と恐れられる米軍戦闘機B－29が飛来するようになった。空襲はいよいよ激化し、配給の食料・生活必需品も入手がままならない。マサコは、子どもを飢えさせることを心配するようになっていた。

たび重なる金属供出で、店の自慢のひとつだった、スチール製のモダンな美容椅子を手放すことになった。

「東京を離れよう」

廃墟のようになった店で、ついに清人は言った。マサコにとって聞きたくなかった、同時にホッと気が抜ける言葉でもあった。

「こんなことになってしまうんですね、戦争というものは……」

悔しくてたまらない。清人の胸でわっと泣きたいと思った。が、マサコはこらえた。ここで泣いては負けだ、必ず戻ってきてみせる。

笑顔を作って、マサコは言った。

「行きましょう、あなたの故郷の上諏訪へ。高原でのびのびと子育てをするわ！」

昭和十九（一九四四）年、上諏訪への疎開を決意した瞬間だった。

疎開地の長野県上諏訪でもマサコはよく働いた。三輪自転車の荷台に息子の勝利を乗せて牛乳配達

第五章 戦争の終わり、新たな決意

疎開地　上諏訪での暮らし

「ほうら、ごらん。大きな雲。もくもく、真っ白ね。何に見えるかな？　ゾウさんかな？　クジラかな？　おまんじゅうかな？」

マサコは土手に座って空を見上げていた。膝には一歳になった息子の勝利《かつとし》。「だあだあ」と一生懸命に空を指して何か言おうとしている。

二番めに産んだ子を亡くして三年、ようやく授かった子だった。マサコは三十三歳。上諏訪の角間新田に疎開していたおかげで、安心してお産ができた。

翌昭和二十（一九四五）年八月、空は青く高く、蟬の声は勢いを増し、晩夏らしい日が続いていた。先週、広島と長崎に相次いで新型爆弾が投下された。新聞は簡単に伝えただけだったが、昨日になって、想像を絶する被害だという話が伝わってきた。たった一発の爆弾がピカ、ドンと落ち、街が壊滅したのだという。

——そんな爆弾があるなんて……。広島や長崎の町の人々は、どんなことになっているのか……。

「お母ちゃま！」

五歳になった息子の重二が土手を駆け上がって来た。

「お母ちゃま、飛行機が来るよ！」

マサコは勝利を抱いて立ち上がった。山の稜線を越えて飛行機の編隊が現れた。疎開してから初めて見る米軍機の編隊だった。

「重二、早く来なさい、こっちへ！　走って！」

マサコは勝利をしっかり抱き、重二の手を引いて走った。あっという間に青い空は黒い機影に埋め尽くされ、蟬の声も水音もかき消された。マサコは橋げたの傍に飛びこみ、二人の子に覆いかぶさった。

轟音は真上を通り過ぎて行った。遠ざかってもまだマサコは動けず、子どもたちをしっかり抱えて震えていた。

七十機もの編隊は、その日長野・上田を集中攻撃し、飛行場や駅、療養所、小学校や民家までも機銃掃射して飛び去った。

「こんなところまで来るなんて……」

帰ってすぐに親戚の無事を確かめ合った。諏訪の人びとはほとんど空襲を知らない。近くの被害は遠くの新型爆弾の噂以上に衝撃だった。長野の松代《まつしろ》に、大規模な地下壕が掘られているという噂を聞いた。壊滅した東京から大本営を移すらしい、と。

「いよいよだな……」

次の日の夜、いつもより暗くした灯りの下で清人が言った。

「何がいよいよなんです？　このあたりも危ないということですか？」

「明日の正午に政府から重大発表があるらしい。降伏か、それとも宣戦布告か。私は工場でラジオを聴くから、お母さんはここでしっかり聴いておきなさい」

マサコは清人から「お母さん」と呼ばれるようになっている。傍らにはふたりの子どもがすやすや寝息をたてている。清人と先妻との間の子、潤子は十八歳に、精一は十四歳になり、ともに暮らすこの村で、のどかな日々を送っている。戦争は降伏して終わるのか、ソビエトに宣戦布告して続くのか。

果たして翌日正午の玉音放送は、よく理解できなかった。

「ポツダム宣言を受諾し」「無条件降伏」「戦争に負けた」ということは、近所の口づてにだんだんとわかってきた。「悔しい」と涙をこぼす者もいれば、ぽかんと虚ろに突っ立っている者もいた。

マサコはいてもたってもいられず、清人の工場へ走った。

「あなた、戦争が終わったのなら、東京に戻れるんですか？」

「すぐには無理だろう。今帰っても東京は焼け野原だ。住むところもないし、子どもを飢えさせるだけだ」

清人は忙しく立ち働いていた。電報を打ちに人を走らせ、商工会議所のメンバーを集めて会議を開こうとしている。

化粧品の製造機械は、すべてこちらの空き工場に移していた。これには藤原咲平おじの力添えがあった。軍需工場の指定を得て、戦闘機の風防ガラスの防水・防曇剤《ぼうどんざい》を作ることにした。ともかく何かを作り続けていること。いざとなれば軍需品の生産を化粧品へ切り替える。まさにその時がやってきたのだ。

夫の機敏な行動を見て、マサコはようやく落ち着きを取り戻した。

——ようし、今夜はおいしいものを作って、子どもたちにうんと食べさせてやろう。

子どものことを最優先にしよう。それが疎開を決めた時の夫婦の約束だった。

戦争がなかったとしても、東京では落ち着いて子どもを産み育てるゆとりはなかったろう。疎開は人生に与えられた貴重な時間だと思っていた。

何でも買えた戦前の東京の便利さは、ここには皆無だった。

——物がないと、人間は頭を使い、工夫するようになる。そうして自然の恵みに感謝する。ここでの暮らしは、大切なことを思い出させてくれた。

角間新田は霧ヶ峰の中腹にある小村で、春は山菜、夏は渓流のイワナ、秋になるとぶどうやキノコが採れる。子どもを飢えさせずにすむことは、マサコには何よりだった。

そんな山暮らしにも間もなく終わりが来る。青年期の潤子と精一の表情を見るにつけ、戦争は終わったのだと実感できる。彼らにとって、山暮らしはどんなに退屈だったことか。

清人はわずか半月のうちに「牛山薬科学研究所」を設立した。化粧品製造再開の第一歩だった。

マサコは簞笥を開け、しまいこんでいたスカートを出し、鏡台に向かって口紅を引いた。

弟 登の戦死

その年の暮れに、山中湖に疎開していたオペラ歌手の三浦環が東京に戻り、戦後初のリサイタルを行った。場所は日比谷公会堂、と新聞に記されていた。

角間新田の雪の中にいて、マサコはあの戦時下にも三浦環が堂々と「蝶々夫人」を歌う姿を思い出した。東京は焼け野原とばかり聞かされているが、リサイタルができる劇場があり、歌手がすばらしい歌声を聞かせている。そう思うと底力が湧き起こってくる。

上諏訪で迎える二度目の正月。

弟の登が戦死した。そのことがまだ信じられずにいる。

朝鮮の専売公社に行ったきり、現地で召集令状を受け取り、ニューギニアに出征した。母のもとへ遺骨が届いたが、箱に入っていたのは石ころだったという。

そんな話はよくあった。戦死の報せなんかいいかげんなものだ。きっとそのうちひょっこり帰って来ると、マサコは信じることにした。あの登が死ぬわけがない。

マサコのお腹はまた新しい命を宿していた。山口の防府へ帰れず、母へは長い手紙を書くことにした。

母がいる山口の防府は、陸軍飛行場を狙われずいぶん空襲を受けた。母も焼け出され、今は親戚の家に身を寄せている。いずれ東京に戻れる日が来たら、母を呼んで一緒に暮らそうとマサコは考えていた。

信州の冬の寒さにも慣れたものだった。マサコは足を滑らせないよう、洋装にわらじを履いてよく歩いた。地元の婦人会には、そんなマサコを奇異な目で見る者もいた。

——どこへ行っても、色眼鏡で見る人はいるわね。

自分らと異質なものを嫌い、遠ざけ、そのことで内輪の結束を固めようとする。それらが拡大して戦争につながっていく……そんな考えにとらわれそうになって、マサコは首を振った。

——だめだめ。仕事をしていないせいで、よけいなことを考えてしまうんだわ。

上諏訪へ来てからも、マサコはくるくるとよく働いていた。しかし家の仕事は美容室に比べればのんびりしたものだった。

少しでも時間ができるとじっとしていられず、マサコはやはりわらじを履いて雪道を歩くのだった。用もないのにうろうろしていてはまた変に思われる。それで家々の消し忘れの玄関灯を見つけては、消して回った。こうして小さな役に立っているだけでいい。

ふと、背後でしわがれた声がした。

「あんたは、成功するお人だ」

えっ……？　と振り返った時にはもう、その人は背を向けて去って行くところだった。見かけたことのない初老の男。雪を踏みしめるキュッキュッという音が遠ざかっていく。不思議にこのことは、マサコの記憶にずっと残り続けた。

女たちの秘めた闘志

雪解けの季節になり、安定期に入ったマサコは三輪自転車でよく走り回った。二輪の自転車は乗れないが、これなら転ぶこともなく、子どもを乗せて荷物も積める。牛乳配達を手伝って、お礼に牛乳を何本かもらえるようになると、ますます三輪自転車は活躍した。

牛乳配達の仲間に、波多野勤子《はたのいそこ》という年上の疎開者がいた。

東京に残して来た開成中学生の息子とこまめに文通をしているという。それを知った時、「まあ、素敵」とマサコは感激した。

「私も息子が大きくなって、遠くに行ったら、文通してみたい……ああ、想像するとわくわくするわ。手紙の書き方を教えるわ。書くのが好きな子に育てなくっちゃ！」

波多野勤子はくすくす笑って言った。

「初めてですよ、そんなふうに言われたのは。お寂しいですね、とか、なぜ息子さんを連れて来ないのです？　とたいていは言われるのに」

彼女は児童心理学者で、やりかけの仕事や目標を中断してここへ来ていた。子どもの自主性について。母というものについて。これから翻訳したいと思っている外国の本の話。語りだすと静かに内に秘めている闘志のようなものが感じられた。

疎開仲間には、小笠原流の礼法を教える女性もいた。遡れば春日局のお世話係をしていた家系だという。彼女は田舎の山の中でも、美しい所作を忘れることはない。

「私にも礼儀作法を教えていただけませんか？」

物おじせずに頼むと、「よろしゅうございますよ」と快く引き受けてくれた。メイは頭の下げ方から箸の上げ下ろしまで習い、小笠原流免許皆伝の証書までいただいた。

——この村は、寛人さんとていさんの故郷でもあるのだわ。

マサコは折にふれ、ふたりのことを思い出していた。

引揚船は次々に外地へ渡った人々を乗せ、博多や舞鶴に着いている。吉次郎と喜久子は上海から無事帰って来たが、藤原寛人とていからは、何の音沙汰もないままだった。お金も底をついたろう。病気や怪我、幼い子どもに何かあったかもしれない。日が経つにつれ、悪いことしか思い浮かばなくなり、清人の親類は話題にもしなくなっていた。

「心配せんでも、大丈夫ずら。じき帰る、じき帰る」

寛人の母はいつでもそう言って、にこにこと畑仕事に精を出していた。マサコは上諏訪へ来て、この人といる時がいちばん安心できた。

村で美容教室を開く

ある日、牛乳配達中に婦人会の年長の女性が声をかけてきた。

「牛山さん。あなたそんなことしていて、恥ずかしくないの?」

すぐには意味がわからなかった。モンペ姿の相手はこちらを冷ややかに見ている。マサコは春らしい山吹色のブラウス。目立ち始めたお腹で自転車を漕いでいたのだから、何となく言いたいことはわかった。行きかけた女に、今度はマサコから声をかけた。

「こんど近くで美容教室を開くつもりなのですが」

女は怪訝《けげん》そうに振り返り、「美容教室?」と聞き返した。

「堅苦しいものではありません。近くの場所をお借りして、髪や肌の手入れ、お化粧の方法などをお教えする楽しい講習会です。みなさんで、ぜひいらしてください!」

上諏訪へ来てから考えていたことがやっと実現する。「関楼」という料亭を営む清人の親友が、店のホールをまるまる貸してくれることになったのだ。

創業時に立ち返り、コールドクリームを手作りすることから始めていた清人は、今なら宣伝も誰はばかることなくできるとガリ版でチラシを刷り、村じゅうに撒いた。

『メイ牛山の美容教室』

初回の参加者は波多野勤子たち、都市部からの疎開者がほとんどで、会場には華やいだ空気が満ちた。山でひっそりと戦争を乗り越えた女たち。その目が一斉に、きらきらと輝き出すのをマサコは見た。

大きくなっていくお腹を抱え、マサコは美容教室を続けた。

そうして終戦から一年となる八月、女の子を出産。

角間新田に帰っていた藤原咲平が名付け親になってくれた。

「ハリーとメイの初めての女の子だ。うんとハイカラな名前がいいだろう」

咲平が付けた「ジェニー」という名に、親戚じゅうが驚いた。角間新田の村役場に出生届を出しに行くと、「銭《ゼニ》さんですか?」と役場の係が聞き返す。何と言われようと、マサコはその名がとても気に入った。新しい時代を生きる女性にふさわしい。

ジェニーを抱いて、スカートをはき髪をセットし、堂々と化粧をして歩くマサコに、しだいに婦人会の女たちは何も言わなくなっていった。

終戦から一年が過ぎた九月の暑い日、上諏訪駅から藤原の家に一本の電話がかかった。

三人の小さな子を連れた女がたどり着いたまま、駅舎で倒れてしまったのだという。ていだった。

寛人の両親が駆けつけ、ぼろぼろになった四人をリヤカーで家まで運んだ。村じゅうが大騒ぎになった。終戦で新京の官舎を追われ、ていは寛人から子どもたちを託され、別れ別れになったのだという。金も着るものもなく、ていは死ぬより辛い思いをして三十八度線を越え、しかも子どもをひとりも犠牲にせず、上諏訪駅にたどり着いたのだった。ふたりの男の子に加えて、生まれたばかりの女の子も無事だった。

奇跡は続いた。それからほどなく、シベリアに抑留されていた寛人が解放されて帰ってきたのだ。誰よりも寛人自身が驚いていた。博多港に着いた時、引揚者名簿にていの名を見つけることができず、妻子すべてを亡くしたと思いこんでいたのだった。

親類が歓喜の声をあげる中で、寛人の母は変わらずにこにこと笑っていた。

「弟の登もきっと帰って来る」。マサコは子どもたちを抱きしめて祈った。

おしゃれ心を解き放つ

清人は得意の英語を生かし、上諏訪で進駐軍の通訳を務めるようになっていた。

諏訪大社に伝わる宝刀が没収の危機に瀕した時など、「これは武器ではない、神様に奉納した神器である」と英語で説明して納得させた。

親しくなったホワイト大尉は、大きな肉の塊やバター、ウィスキーや缶詰を分けてくれた。ここはマサコの腕の見せどころだった。ステーキを焼き、シチューを作り、アメリカ人、日本人の分け隔てなく、近所の者も家に招いてふるまった。

「懐かしい味だ！　どこでこんな料理を覚えたのですか？」

米兵たちは驚き、大喜びでマサコを褒めたたえた。彼らは子どもたちの遊び相手になり、とくに呼びやすいジェニーの名を何度も呼んで、お姫様のように扱う。そんな様子を見ているうちに、近所の人びとも米兵に打ち解けるようになっていった。

ある日、清人は客たちが帰った後で、こんなことを言い出した。

「さっき米兵のひとりに聞いたんだが、アメリカの婦人は日常の化粧としてマスカラをつけるのが当たり前らしいんだな」

「そうでしょう、あんな素敵なものはありませんもの」

マサコは目を輝かせて言った。

「ハリウッド化粧品」では昭和十二（一九三七）年に発売し、さほど売れないまま生産を中止していた。販売再開にあたり、登録商標の権利を手放そうと清人は考えていた。

「そうすると、よそのメーカーも自由に『マスカラ』の名で商品開発して売れるようになるだろう？」

「つまり、日本の女性たちが、みんなマスカラを手に入れやすくなるのね？」

「ああ。そして業界全体の活性化が図れるわけだ」

「大賛成よ、素晴らしい考えだわ！」

マサコは清人の手を固く握った。

マサコと清人の計画

——私は、本当に仕事が好きで好きで、仕事をしなくてはいられない性分。そして、この主人も同じなのだわ。

あらためて清人の発想に感心する日々だった。

諏訪湖花火大会の開催に尽力し、駅前の温泉施設を整備したりと、多忙な日々を送るうちに、清人は商工会議所の会頭の地位についていた。

おりしもパーマネントが爆発的ブームになろうとしている。抑圧されていた女性たちのおしゃれ心についに火がついたのだ。

清人は東京へ戻る時機を見計らっていた。

清人とマサコは藤原咲平の家を訪れ、事業計画のすべてを説明した。化粧品製造、美容室、美容学校の三本柱をあらためて確立したい。そのためには、まずベースとなるサロンが必要だ。銀座で物件を探し、決まればすぐにこちらに引き上げておいた器材を送って営業を再開する。できれば同じ場所に美容学校、工場も併設する……。

「まあ、頑張りなさい」

咲平の気の抜けたような返事は気にならなかった。マサコにとってはいつも穏やかで飄々としたおじさんだった。

「では、ＧＨＱのホワイト大尉にも相談してみます」

清人がそう告げて、立ち上がった時だった。

「……な、何がＧＨＱだッ！」

血相を変えた咲平はステッキを手に取ると、清人の尻をしたたか打ちつけた。

「馬鹿者、ここは、日本だ！　われわれは、日本人だ！」

あまりのことに、マサコは言葉を失って、咲平の暴挙を見つめていた。

「おじさん、やめてください、咲平おじさん！」

寛人が奥から飛び出して来て、咲平を引き離し、ステッキを取り上げた。

清人はマサコの手を引き、早々に玄関を出た。

「あなた、一体どういうこと？　何があんなに怒らせてしまったんですか？」

「うむ……おじさんに相談したこと自体、まちがいだったんだな」

咲平は終戦後、自ら中央気象台長を退官した。同時に参議院議員への出馬を打診され、立候補する決意を固めたところへ、公職追放の処分を受けることになった。満州国の建国や風船爆弾の開発に尽力したことが原因だった。気象台長として国のために尽くしたことが、戦後になって裏目に出たということだ。

「あれだけ立派な方が、戦争に負けたとたん犯罪者のように扱われるなんて」

「僕がアメリカの手先のように見えているんだろう」

「そんなことはないのに……。あなたは何も変わっていないのに」

清人はもともとアメリカが大好きだった。敵国になどなってほしくなかったのだ。

咲平にしても、何も変わっていないはずだ。ハイカラな名が良いだろうと、娘に「ジェニー」という素敵な名を付けてくれたではないか。清人がアメリカで早川雪洲に弟子入りを望んだ時は、間に入って頼みこんでくれたというではないか。

マサコは清人の背に手をあて、乾いた田舎道を歩いた。青い空も山々の緑も何も変わっていない。戦争が起きるずっと前から何も変わりはしないのだ。

「あなた。私、東京へ行って来ます」

今こそ、その時がやって来た、とマサコは思った。

女が美しい国は戦争をしない

上諏訪で何度目かの、そして最後となる「美容教室」だった。

会場は、疎開者だけでなく、近隣に住む女性たちでいっぱいになっていた。いつかマサコに忠告をした、婦人会の女性も来ていた。若い奥さんたちから評判が広がったらしい。メイの指導できれいに化粧をして帰ると、夫や子ども、姑まで喜んで、家が明るくなったという話もあった。みんなが切実に、率直に、マサコの話を聞きたがっていた。

「荒れた手を見ると悲しくなってしまいます」

「またパーマネントをかけたいんです。そのために髪を切らずにいました」

「戦争前には、白い肌がきれいだと言われたんです。元に戻りますか？」

ノートと鉛筆を手にした女たちの真剣な目に囲まれて、マサコは胸に火が灯るような気がした。熱をこめて語りかけると、一人ひとりのわくわくした気持ちが弾け、広がった。理屈ではなかった。女たちはおしゃれ心を思い出し、幸せを取り戻そうとしている。女性のおしゃれは、単なる個人的な営みではない。その時マサコは悟った。

――これは大変なことよ。女性が美しくなることは、きっと社会が明るく、元気になることにつながるのだわ。

広島から疎開して来ている女性は涙を流して言った。

「私、いつか故郷に帰れる時が来たら、先生に教えていただいたことを広島の女性たちに伝えたいと思っています」

「日本じゅうの女性をきれいに!」
最後の美容教室で決意するマサコ

「そうしてくださいね。できますよ」

マサコは力強く言った。

「皆さんで記念写真を撮りましょう!」

清人がライカを掲げて言った。料亭の前、晴れやかな女性たちの笑顔にシャッターが切られた。中央で微笑むマサコの目には、ある決意が宿っていた。

——私の仕事は、これから日本じゅうの女性をきれいにすること。女が美しい国は戦争をしない。

もう二度と戦争など起こさない、この国の未来の平和が、きっとその先に約束されている。

マサコはそう思った。

淡いピンクの仕事着に身を包み、
麻布材木町で再スタート

第六章
焼け跡にさす光

新天地を求めて

五年ぶりの東京は、覚悟はしていたが、無残な変わりようだった。

美しかった銀座の街並、見慣れていたビルや柳の木もない。四丁目の美容室、七丁目の美容室も跡形もなかった。焼け残った服部時計店ビルは接収され、時計は止まり、鐘を鳴らすこともなくなっている。それでも道行く人びとに勢いがあった。焼け残ったビルの軒先では新しく商売を始めている者がいる。「美容院」の看板も見える。上海から戻った牛山喜久子も、ひと足先に銀座カネボウでヘアサロンを開いていた。

――さあ、私も頑張らなくっちゃ！

マサコは足早になり、築地の方に向かった。

モガが闊歩するこの通りを走ったのは何年前になるか。仕事を探し歩き、「美容講習所」を教えられて。

焼け崩れた歌舞伎座の隣、木挽町の角に、あの懐かしい泰聖ビルは残っていた。居住権が残っているならここで再開するべきなのだろうか。しかしどうも心が動かない。大家だった人が口うるさかったことを思い出す。再スタートを切るなら新しい場所でと思い直し、界隈を歩きまわった。しかしどこも目玉が飛び出るほど家賃が高い。

マサコは銀座をきっぱり諦めて、ほかの町を探すことにした。数日かけて歩き回るうちに、東京で初めて住んだ麻布の方に足は向かっていた。

行き場に迷った時の直感を、マサコは自ら信じることにしていた。こんな時はいつもそうしてきたし、今までまちがいは一度もなかったのだ。

麻布はかつて、幕府の諸藩のお屋敷町で、その屋敷が政府の高官や財閥の邸宅になっていった、いわば高級な土地柄だった。マサコがおばの家にいた頃も、近くに大会社の社長や大臣が住んでいた。果物屋でこんな話を聞いたことがある。店で売らなくても、御用聞きでお得意さんを回れば十分に商売になるのだと。その分、値が張っても高級な品を扱わなければならない。高級な客に、安くて傷んだ物など絶対に売れないからだ。

「値が張っても高級なもの」——いつも清人が言うことと同じではないか。

マサコは吸い寄せられるように材木町の南にたどり着いていた。

幅広い道が作られ、区画整理はされていたが、まだその区画を埋める建物はほとんどない。背たけほどもある雑草が生い茂り、西の方には富士山が悲しいほどくっきり見えている。

——ここだわ。

荒地に焼け残った三階建てのレンガ造りのビルの前に、マサコ——メイ牛山は、まっすぐに立っていた。廃墟のビルは、メイの想像の中で、みるみる素晴らしいモダンな美容室に姿を変えた。

写真館を美容サロンに改造

昭和二十五（一九五〇）年七月、『Hollywood Beauty Success Studio』の大きな文字が、三階建てのビル屋上を飾った。

一階正面の入口を入ると右側に事務室。並びに化粧品の販売コーナー。続いてシャンプー台が並び、奥が着付け室。吹き抜けになっており、階段を上るとつきあたりに美顔と全身美容のための部屋。その左には写真撮影用の部屋。右に広いセット・ルームを配置し、大きな鏡を据え、高い天井からは赤いベルベットのカーテンを、たっぷりドレープを寄せて垂らした。三階は五十名ほど収容できる美容学校となった。

もともとこのビルが写真館だったことと、清人がハリウッド帰りであることが偶然結びついて、あえて「Studio」と掲げたのが功を奏した。遠くからもよく目立つこの文字を見て、進駐軍の米兵の奥さんがまずやって来た。帰国するので不要になった美容器具を引き取ってもらえないかという。アメリカ製のヘアドライヤー、マッサージ器、マニキュアやパーマの薬剤。清人はそれらをすべて買い取り、店の備品や商品開発の材料にした。

電気脱毛器や遠赤外線発汗装置、スチームバスなど、見たこともないものも持ちこまれ、事故がないようにと使い方まで説明を受けた。アメリカの美容がいかに進んでいるか、メイと清人は感心すると同時に、このサロンをヘアのみならず、美顔、爪の手入れなど、全身にわたるアメリカ式の総合美容を提供する場にしようと方針が決まった。

荒れ地に焼け残った麻布材木町のビルで新装開店

七月八日、新装開店。

入口に「ハリウッド美容室」「ハリウッド美容学校」の看板。早川雪洲、夏川静江らの花輪が飾られ、新聞社や雑誌社のフラッシュが焚かれた。

「いやあ、とうとう始めるんですねぇ」

隣に住む家主の森島さんが目をぱちくりさせている。

「そのせつは、ご親切に忠告してくださいましたね」

メイは淡いピンクの仕事着に身を包み、内祝の品を渡しながら笑った。正直で人の良い家主は、こんな大きな物件を遊ばせておきたくないだろうに、借りたいと訪れたメイに「やめた方がいい」と言ったのだった。この界隈では昔から商売は成り立ちにくい。目下商売をやっている人も、半官半商で細々とやっているくらいだから、この建物を美容院にするなんてとても無理でしょう、と。

こういう誠実さがほんらい東京の人の性質なのだろう。建物をひと目見た時、何か温かい感じがしたメイは、ますます温かい気持ちになった。

「私は大きいものが好きなんです。大は小を兼ねるし、大きいものは気持ちを大きくしてくれますでしょう?」

とはいえ後から上京した清人は「こんなでっかいビルを、いったいどうするつもりだ!」と、叱責に近い大声を出して反対した。

「きっとできますよ。戦前のように上流の婦人たちが喜んでくださるような、東洋一のサロンにしてみせます」

契約をすませると、すぐに数人の従業員を集めて大掃除を始めた。床に溜まった土、蜘蛛の巣だらけの屋内。大変な作業もまったく苦にならない。また店が始められるうれしさで、メイたちは張り切っていた。

戻って来た女優たち

清人にうれしい再会があった。

「ハロー、ハリー!」

日比谷のＧＨＱ本部の階段で声をかけてきたのは、あの大恩人のポール・ラッシュだった。終戦で日本に帰って来ることができたのだ。これから長く続いていくであろう友情に、ふたりは固く抱き合った。

それを聞かされメイも小躍りして喜んだ。開店を前に「ハリウッド」の大恩人に再会できるとは、なんと幸先がよいことだろう。

開店のニュースが新聞に載ると、戦前からの客だった有名女優たちも来店し、それがさらにニュースになった。

ハリウッド帰りの阿部豊監督に見出され、溝口健二監督の『東京行進曲』に主演した夏川静江。マキノ正博監督のオペレッタ時代劇『鴛鴦歌合戦《おしどりうたがっせん》』で娘役を可憐に演じた市川春代。五所平之助監督『マダムと女房』で、田中絹代の好敵手として美貌のマダムを演じ、モガの代名詞とうたわれた伊達里子。宝塚出身の沢蘭子は戦後すぐに活動を再開し、クラ
ンク・イン間近の作品のために全身を磨き上げに来た。いずれも昭和初期から活躍し、サイレントからトーキーへの過渡期を、そして戦争をも乗り越えた強く美しい女優たちだった。彼女たちにとって「ハリウッド美容室」開店は願ってもない朗報だった。そして彼女らの来店は、一般の女性たちにとって華やかな希望に満ちたニュースだった。

店の前を広々とした道が整備され、新橋と渋谷を結ぶ都電が走り始めていた。電車の中から女性たちは横文字の看板をうっとり見つめた。押し殺していた美意識が、アメリカ風のしゃれた風景によって解放されていった。「霞町」の停車場はまるで美容室のためにで

きたようなものだった。

おしゃれに関する情報の伝播が速いのは、平和が戻った証といえる。

「ハリウッド美容室」の評判とメイ牛山の名はあっという間に知れ渡った。結果的に立地が良かったこと、ゴージャスな店舗、アメリカナイズされたイメージ作りが成功したわけだが、それも高い技術があってこそだった。五年のブランクを感じさせないメイの施術を求めて、戦前からの客たちが次々に戻って来たのだった。サロンにはしばしば、再会を喜び合う声が上がった。

アメリカ人の女性将校が来て、海軍の制帽を見せ、

「この帽子をかぶった時にいちばん美しく見えるヘア・スタイルにしていただきたいの」

そんな注文をすることもあった。メイはとても感じ入った。ただ美しくしてほしいというのではない、仕事をもつ女性の誇りと、凛とした美しさ。

メイの技術に感激し、美しいレースの肌着をくれた夫人もいた。日本にはない繊細な色合いと布地の美しさ、その手触りにメイはうっとりした。これがアメリカなのだ。

動き始めた女たち

華やかな再スタートに見えて、この大きな三階建てに、メイ、清人、四歳になったジェ

ニーの三人は仮住まいの日々だった。この一年、五人の子どもたちは親類や乳母に任せきりで、ようやく末っ子のジェニーだけ東京に連れて来たのだ。

——もう少しのがまん。早くみんなで暮らせるように頑張らなくては。

簡易ベッドでジェニーを抱いて、メイは藤原ていから送られた本をめくった。『流れる星は生きている』（日比谷出版社）。ていが三人の子を連れて満州から引き揚げて来た全行程の記録だった。昨年刊行されたとたん大ベストセラーになり、早々に映画化、大映で母ものをヒットさせた小石栄一監督・三益愛子主演の最新作となった。

ていは遺書のつもりで書いたのだという。引き揚げ後、ずっと体調が思わしくなかった。寛人が気象庁に復職できて、東京の官舎で家族そろって暮らせるようになっても、ほとんど寝たきりだった。生きる気力を一年間の苛酷な旅でどれだけすり減らしたか、この本を読むとよくわかる。題名の「流れる星は生きている」は、新婚時代の寛人とていの会話から取られていた。もし宇宙の星がみな流星になったら、という質問に対し、寛人はこう答えた。「流星は空気との摩擦で、一応、姿はなくなるけれども、流星の持っていたエネルギーは何かに変換されて生きている、そうでしょう」

離ればなれになっても、必ずまた会えると信じる想いが奇跡を起こしたのだろうか。これだけのものを書きあげたのだから、ていはきっと元気を取り戻すだろう。

疎開先の上諏訪で知り合った、波多野勤子も本を出していた。あの頃よく話していた息子との往復書簡が『少年期　母と子の四年間の記録』（光文社）として一冊にまとめられ、これもまた木下惠介監督によって映画化されるという。

苦しい季節を経て、女たちが動き始めていた。

基盤作り

九月、美容学校は厚生省（当時）から認可を受け、「ハリウッド高等美容学校」となった。優れた美容室には優れた美容師が必要だ。百人からの生徒を集め、清人は校長、メイは副校長となった。本格的に美容師を育成していく立場に立って、メイはこう考えた。

――わかりやすく説明するのが普通の教師。優秀な教師は自分でやってみせる。そして、偉大な教師は、相手の心に火をつける。そうならなくては。

メイは説明するより手が先に動く性分だった。そして、その熱意は言葉よりも強く生徒たちに伝わっていった。

美容学校、美容室、そしてもうひとつの柱である化粧品。株式会社を発足させるための基盤作りを、清人は慎重に進めていた。

戦争中禁じられていた民間輸入がようやく許可され、香料、蜜蠟《みつろう》、ひまし油などの化粧品原料は手に入れやすくなった。化粧品は作れば飛ぶように売れるので、見た目ばかり豪華な粗悪品も多く出回っている。一時だけの儲け主義で、詐欺まがいの業者もあるようだ。

「わが社のめざすところは、戦前と変わりない。良い品質のものを作ることだ」

清人はアメリカ商工会議所の招聘で旅立つ日の朝にも、支度しながらそう言った。もう何度も聞かされている言葉だが、メイはそのつど心から頷いていた。

「アメリカの化粧品の素敵な容器を見つけて来てくださいね。女性は毎日、化粧品を手に取るのだから、その時うっとりした気持ちになってほしいですものね」

「いずれ必ずふたりでアメリカへ行こう。あなたは、最先端の美容の現場を見に行かなければならない人だからね」

メイにそう言い残し、清人は旅立っていった。

昭和二十五（一九五〇）年九月二十二日、藤原咲平の訃報が入った時には、清人は洋上にあった。

メイは寛人から連絡を受け、深いため息をついた。胃がんが見つかり、容態が悪いので東大病院に移されたと聞いていたが、あまりに辛い最期だったのではないか。

思い出すのは穏やかで知的でいつも眼鏡の奥の目が微笑んでいるおじの顔だった。公職追放いらい、人が変わったようになったという。怒りっぽく家族を罵り、茶碗や皿を叩き割っていたのだと。清人をステッキで殴りつけたのは、そんなさなかの一事件だったのだろう。六十五歳だった。葬儀に参列した教え子や部下たち、気象界の人びとの中には、悔し涙を流す姿もあった。

――おじ様に、新しい店を見ていただくことはかなわなかった……。

杉並の寺で、メイは悲しみを感謝の思いに変えて、手を合わせた。

変わりゆく街の姿

翌年、麻布材木町に焼け残っていた平屋を借りて、ようやく子どもたち、それに山口から母テイも呼んで、家族みんなでの暮らしが始まった。ボロ家だが楽しい毎日だった。メイはガラス窓に絵を描いたり、休日はお菓子を作ったりと、今までできなかったことをして子どもたちを喜ばせた。

ささやかな庭には夏ミカンや柿など実のなる木を植えた。夾竹桃《きょうちくとう》、紫陽花《あじさい》、曼珠沙華《まんじゅしゃげ》と、メイが望む花を清人が買ってきて次々に植えていった。近所から子猫をもらい、その猫が子どもを産んで、動物が大好きなジェニーは喜んで世話をした。

すぐそばに作曲家の團伊玖磨《だんいくま》が少年時代を暮らした邸宅があり、これを買い取って、会社社屋と化粧品工場を建設している真っ最中だった。聞けばこの土地はもともと明治時代の実業家、広岡浅子が晩年を暮らした屋敷があった場所だったという。

「このへんは、まあ、防府と違ってにぎやかなことだねえ」

母のテイが言うので、メイはあらためて気がついた。足を棒にして材木町にたどりついたのはほんの二年前のこと。今や建設工事の音はここかしこで鳴り響いている。周辺には次々に家や商店が建っていた。朝鮮戦争の特需で経済が急激に回り出している。戦争で焼野原になった町が、また別の戦争で復興していくのだ。

飯倉片町の方に焼け残った屋敷を米軍将校たちが住居にしたので、周辺には外国人向けの飲食店やバーがずいぶん増えた。交差点には、GHQの給料計算をしていたユダヤ系アメリカ人が「ザ・ハンバーガー・イン」を開店し、あっという間に米兵たちのたまり場になった。

日本の俳優たちが行き交う界隈ともなっていた。メイより早く、終戦後すぐ小学校跡の焼け野原に俳優座が稽古場を作っていた。その建築費の四十万円は、青山杉作、千田是也《せんだこれや》、東野英治郎、小沢栄太郎、東山千栄子ら俳優たちが溝口健二監督の『女優須磨子の恋』に出演し、出演料を全額注ぎこんだという。

麻布十番に映画館もできた。小さな名画座が二軒、『自転車泥棒』や『無防備都市』、邦画は『また逢う日まで』『帰郷』などのヒット作をリヴァイヴァル上映している。

「先見の明があったのか、いい場所を選んだものだ」

反対したこともすっかり忘れた様子で清人が言うので、メイは「うふふ」と笑った。

「メイ・ウシヤマ」をブランドに

こうして翌年の昭和二十六（一九五一）年十一月、麻布材木町六十四番地で「ハリウッド株式会社」が正式に発足した。

清人が社長、メイが副社長。専務には清人と先妻の長男である精一が就任した。このとき精一は二十歳、立教大学経済学部に在学中だった。

満を持して売り出す化粧品のブランド名は、「メイ・ウシヤマの〈ハリウッドスター化粧品〉」とし、メイの存在を大々的に表に出すことになった。これは清人の考えで、メイにとまどいがなかったわけではない。ほんらい自分は職人気質で、黙々とヘア・メイクの作業をしているのが性に合っていた。

「これはだね、メイ先生」と、清人は職場ではそう呼ぶようになっている。「当てずっぽうなことをしているのではないんだ。わが社の化粧品は、多少値が張っても、良質の原材料を使って高品質なものを作る。それはわかっているね」

「ええ、よくわかっています。そのためには宣伝費を削ってでも……」

と言いかけて、清人の意図が理解できた。

「つまり私、看板持ちのサンドイッチマンになるということね？」

メイは笑ったが、清人は真面目な顔で続けた。

「派手な宣伝はしない。戦前同様、雑誌の記事広告を主にしていくだけだ。それも、化粧品、美容室、学校の三つをセットにして広告にする。そのぶん高品質な化粧品を作り、愛情と真心をこめて売る。あなたはその象徴になるのだ。メイ・ウシヤマ門下の優秀な美容指導部員を、本店から全国に派遣する」

「私の門下……」

新婚旅行の車中、考えた結婚五箇条のひとつを思い出した。「仕事を持っているからには良い師匠になる」と、自分で誓ったはずだった。

「わかりました。私、あなたの言う通りにします」

清人　怒濤の化粧品開発

一方、化粧品の工場長は面食らっていた。清人が大量の土塊のようなものを持ちこんで来たのだ。

「これを、何かにできないかね」

「何かって……これはいったい何なんですか？」

「畑の肥料だ。飛田給《とびたきゅう》の倉庫に余っていたのをもらい受けてきた。バクタモンというんだ」

「ばく、たもん……？」

含まれた微生物が土壌を発酵させ、農作物の成長を促進するもので、大根やにんじんがオバケのように大きくなるのだという。酵素には驚くべき作用がある。化粧品原料として利用できないか、と清人は考えたのだった。

「しかし、どういった化粧品に？」

「それを研究するのが君の仕事じゃないか」

工場での試行錯誤は数ヵ月に及んだ。酵素の分解作用を生かし、肌の老廃物を除去するパック剤ができまいか。しかし酵素は水分を得るとすぐに活性化する。反応し続けるものを安定させ、商品化するのは至難の業だった。

しばしば様子を見に来ていた清人も、ついに何も言わなくなった。さすがにこれは無理かとあきらめかけたその時、工事長にひらめいたのが、酵素を含む一剤と、水分を含むクリーム状のもう一剤とを使用直前に混ぜる方式だった。

こうして半世紀にわたるロングセラー商品「酵素パック」が誕生することになる。

サロンも順調だった。豪華でゆったりとした空間。アメリカやフランス製の最新の器具を使い、最高の施術が受けられると評判がさらに広まって、女優、皇族関係、政財界の夫人、作家たちが続々と訪れるようになっていった。

いつしか「ハリウッド美容室」へ行くと、「成功する」という噂が広がった。

冒険のないところに感動はない

「メイさん、メイさん」と、受話器の向こうで弾んだ声がした。閉店後、藤原寛人から店にかかってきた電話だった。

「まあどうしたの、寛人さん。何かいいことでもあって？」

「僕の書いた短編小説が、『サンデー毎日』の懸賞で一等を取ったんだ」

「え、小説？」

「清人兄さんにも伝えて、よろしく！」

それで切れてしまった。

「あなた、寛人さんが懸賞小説で何だか一等をとったんですって」

「ほう、やったか」

「知っていたんですか？」

「何か山のことを書いているというのは聞いていた。ていさんが突然ベストセラー作家になって、原稿料だの印税だのでずいぶん家計が助かったらしいんだな。子どもも大きくなってきたし、俺も書くぞと奮起して、勤めのかたわら毎晩書いたらしいよ」

寛人の短編小説「強力伝《ごうりきでん》」は「サンデー毎日」の中秋特別号に載った。白馬山の頂上に、五十貫もある花崗岩《かこうがん》の風景指示盤を運んだ、実在の強力の話だった。

ペンネーム、新田次郎《にったじろう》。

「角間新田に生まれた次男坊だから、新田次郎。いい名前だ」

と、清人は笑った。

会ったばかりのころ、富士山の話をしていた寛人を思い出す。

「誰でも行って帰れるような山は面白くないんですよ。危険のないところに冒険はない。冒険のないところに感動はない」

メイは思う。

——私も、いつもそのようにありたい。誰にでもできるような仕事はすまい。危険を冒してでも、私だけの仕事を極めるのよ。

その夜、メイは手帳に「勤勉」「努力」「発展」と記した。この三つをいつも忘れまいと固く心に誓ったのだった。

名女優の誕生

清人の戦略が当たり「メイ・ウシヤマ」の名が知れ渡るに従って、メイは新聞・雑誌の取材をよく受け、スタジオ撮影やラジオ出演、本放送が始まったテレビの仕事も舞いこむようになっていた。

昭和二十八（一九五三）年、秋の終わり、冷たい雨が降りしきる日だった。

雑誌「スタイル」のモデル・オーディションがあり、メイは審査員のひとりとして会場に向かっていた。

会場の外に、傘をさして長靴を履いた、まだ少女のようなほっそりした子が水たまりを踏んでいた。

「あなた、審査を受けに来たのではないの？」

「お友だちが勝手に写真を応募したんです。私、写真だけ返していただきたくて」

傘の陰から見えた顔立ちはなんとも可憐で理知的で品がある。戦前から美しい女優や深窓の令嬢を幾人も見てきたメイだが、初めて感じる魅力だった。

「まあ、中にお入りなさいよ。風邪をひいてしまうわ」

メイは彼女を会場に連れて入った。集まっていたモデル候補たちからすると明らかに若すぎて、対象外に思われる。伊東絹子がアメリカのミス・ユニバースに入賞し、「八頭身美人」という言葉が流行っているころだった。

他の応募者と同じように、床に白い紙を敷いた上を歩かされ、彼女は笑顔で頭を下げて去っていった。

「きれいな子ね。妖精のよう。でも雑誌のモデルには幼いわ」

スタイル社の副社長、作家の宇野千代が微笑んでいた。

戦前から「スタイル」誌は最先端を行っていた。おしゃれの情報だけでなく、女性の教養を高めようという宇野千代の意識が反映された雑誌だった。戦時下数年の中断を経て、終戦の翌年の三月には早々に復刊。それからわずか三、四年で、女性誌として不動の位置を占めている。

同じ山口の岩国出身である宇野千代は、メイの尊敬の的だった。恋多き女流作家としてゴシップにさらされながら、自分のやりたい仕事だけをするしなやかな強さを持っている。その生きざまが、着物の着方にも表れていた。

「宇野先生、あの女の子の履歴書、私がいただいてもよろしいでしょうか」

「どうぞ」と宇野千代は、メイに手渡した。

名前は庄司葉子《しょうじようこ》。鳥取県境港市の出身で、共立女子短大に在学中だった。しばらくの間、その履歴書はメイのデスクにしまわれたままになっていた。

翌年になって、NHKから番組出演の依頼があり、ピンと来た。メイが美容体操を紹介する十分ほどの番組に、あの子を出してみてはどうか。

杉並の学生寮に連絡を取ると、庄司葉子は「やらせてください！」と大喜びで、跳ねるようにやって来た。テレビの番組収録などという、まだ誰もが素人の現場で、彼女はてきぱきと動いてスタジオの空気を明るくした。

――きれいなだけじゃなく、頭もいいし、性格もいい。

すっかり気に入ったメイは、美容室にたびたび彼女を呼んでモデルを依頼するようになった。ふだんは化粧っ気のない顔が、メイクを施されると、みるみる魅惑的な大人の女性に変身した。

「メイ先生。先日、お化粧していただいて、そのままの顔で寮に帰りましたでしょ？　そうしたら寮のみんな、大騒ぎなんです。あらためて鏡を見たら、私にも私でないように見えてびっくり。もう、一時間も鏡に見とれてしまいました」

「それは、あなたがもともと美しいからよ。顔立ちが整っているだけでなく、いつも明るい気持ちでいる人だからなの」

これは経験によってメイが持ちえた確信だった。顔立ちが十人並みでも、明るさを持っている人は磨けば驚くほど輝く。逆に、端正な顔立ちでも輝かない人がいる。女性にとって、内面の美がいかに大事なことか。

その後もモデルや新製品の試用を頼むことがあった。開発中の「脱毛ワクス」を試してもらった時には、「キャアッ！　痛ーい！」と、はばかりなく大声をあげた。

メイのモデルを務めた写真が雑誌の表紙を飾り、それがきっかけで何度か女優にスカウトされたが、断り続けて大阪の放送局に就職した。それでも諦めきれない東宝のプロデューサーが職場を訪れて、熱心に口説いたという。ついに一作だけのつもりで丸山誠治監督の『君死に給《たも》うことなかれ』に出演すると、相手役の池部良《いけべりょう》がすっかり気に入って、ぜひ本格的に女優の道を進むべきだと熱心に勧めた。

「正直、迷っているんです。やりたい気もするけれど、家族は反対するし」

メイは相談を受けて言った。

「やってみたらいいじゃない？　だめだと思ったら、やめて引き返せばいいだけよ」

そのひと言が後押しをして、彼女は映画界に飛びこむことになった。

池部良の案で、芸名は本名から「庄」の字を外し、「司《つかさ》葉子」となった。

映画産業隆盛と「ハリウッド」の発展

一九五〇年代に入り、日本の映画産業は大きな隆盛を見せていく。

各社競うように作品を撮り、新しい映画館が次々に建っていく。

海外の映画祭で邦画が続けざまに賞をとってもいた。溝口健二監督『雨月物語』がベネチア国際映画祭銀獅子賞に、翌年、衣笠貞之助《きぬがさていのすけ》監督『地獄門』がカンヌ映画祭グランプリに、黒澤明監督『生きる』がベルリン映画祭ドイツ上院陪審賞に、また同年のベネチア映画祭で黒澤明監督『七人の侍』と溝口健二監督『山椒大夫』がともに銀獅子賞に輝いた。

「ハリウッド美容室」は今をときめく映画女優が通うサロンだという評判が広まって、メイ・ウシヤマの名はさらに知名度を上げた。

こうした中で昭和二十九（一九五四）年六月、美容部門を独立させて「株式会社ハリウッドビューティサロン」を設立し、銀座二丁目にサロン本店をオープンした。

これで清人が目標としていた「美容学校」「美容室」「化粧品製造」の三つの柱の基盤は整った。メイはサロン経営と美容師の指導を、精一は化粧品会社の経営を統轄し、社長の清人を支えていくという体制が出来上がった。

麻布〜六本木はその頃ちょうど、戦後の土地区画事業が完成していた。

六本木通りと名のついた大通りには、交差点を中心に東西にグリーンベルトができ、町名にちなんで六本のケヤキが植えられた。焼け野原に稽古場を建てたところから戦後の活動を再開した俳優座は、劇場を開館し、観客をこの町に動員するようになった。六本木交差点にできたイタリア料理店「シシリア」が新しい人気スポットになり、遠くからも都電に乗って遊びに来る若者が増えていった。

チャップリンの愛犬

その年の七月、メイと清人の姿は横浜埠頭にあった。

「誠をこめて創りなす／香り床しき化粧品／その名も高しハリウッド……」

社員全員の歌う「ハリウッド社歌」に送られ、四十三歳のメイは初めてのアメリカ視察旅行に旅立つところだった。船の銅鑼《どら》が鳴り響く。色とりどりのテープが風に舞い、港から船がゆっくりと引き離されていく。テープの先に見えていた社員たちの顔が、少しずつ、少しずつ遠ざかっていく。子どもたちの顔、母の顔もある。

「船出って、ちょっと寂しいのね。あなたはもう何度も乗ってらっしゃるけれど、私、外国航路は初めてだから」

「ハハ、涙ぐんでいるのか。船出というのは、いつだってわくわくするものだよ」

旅先のことを思えば、すでにときめいていた。ニューヨーク、そしてハリウッドへ。アメリカの美容業界を視察し、本場の技術を学ぶつもりだった。

「戦前、僕がチャップリン氏の愛犬を日本に連れ帰ったことは知っていた？」

「ええ。入所したばかりの頃、新聞の切り抜きを見せてもらったわ。狼のような大きな犬だったわね？」

「パール号というジャーマン・シェパードだった。撮影中にチャップリンの敵役の俳優に噛みついて、明日には殺されるという身だった。それで僕に託したんだ。あの年チャップリンは、アカデミー賞の授賞式を欠席していたんだな。少数の批評家が選んだ賞などいらない、自分はいつも、映画を楽しみにしている一般のお客さんのために作品を作っているんだと……」

　メイはなぜ清人がそんな話を始めたのかわからなかった。

「よく吠えるが、利口な犬だった。上諏訪から僕が東京に戻る時なんか、必死に追いかけて来てね」

「ハリウッドで、チャップリンさんにも会えますの？」

「いや」と、清人は唇をかんだ。「彼はアメリカにいない。映画雑誌の記者が教えてくれたんだが、ロンドンに渡ったまま、アメリカに帰国するのを禁じられてしまった」

「なぜ？」

「パールと同じということだろう」

　メイにはその意味がよくわからなかった。

「今回会えなくても、またいずれどこかで会えるでしょう？　会いたいと思っていたら、必ず会えますよ。そんなことよりあなた、旅に出ている三ヵ月もの間、社長の朝礼の言葉がないというのは、しまらないことにならないでしょうかねえ」

「そんな心配はまったくない！」

清人の声が急に威勢よくなったので驚いた。

「朝礼の言葉を三ヵ月分、テープに吹きこんで渡してきた。毎朝、工場の朝礼でそのテープを流すように言ってある」

遥か遠くなった横浜港から目をそらし、清人はメイの肩を抱いた。

「さあ、久しぶりにふたりきりだ。ゆっくり食事でもしよう」

玄関を一歩入ったら
メイはすぐエプロンをつけ
妻になり、母になった

第七章
ほんとうの美と出会う

ハリウッド女優の教え

アメリカ視察旅行は想像以上の収穫だった。

ニューヨークでは現地のトップクラスの美容師たちが腕を競うナショナル・ヘアスタイリング・コンペティションに出席。最新のヘア・スタイリングを見学するうちに、「あなたも舞台に立ちなさい」と清人に促され、メイはぶっつけ本番でのぞんだ。震えながらステージに立ったが、モデルの髪に触れるうちに落ち着いて、いつも通り自分なりの髪型を作り上げていた。メイの施術の速さには会場からどよめきが上がった。

その場で知遇を得たヘア・デザイナーの第一人者、レオン・アメンドラーのサロンへ招かれた。何とカットの施術を受けることになったのだ。

メイは美しいアメリカ人の客に目を奪われた。シャンプー台に仰向けになるとパッと長い脚を組む、その脚に、ピンクや赤の色あざやかなペチコートが幾重にも重なった。

——美しい仕草、そして、見たこともないレース……。

優雅な雰囲気の中で出来上がったメイの髪を見て、清人は大喜びでライカのシャッターを切った。

ハリウッドではスター俳優たちとの交歓が待っていた。チャールトン・ヘストン、ダニー・ケイ、ドリス・デイ、マレーネ・ディートリッヒ、グレース・ケリー、マリリン・モンロー。世界的なスターたちが、メイの菖蒲《しょうぶ》の柄の着物をまず褒めてくれる。ヒッチコック監督『泥棒成金』撮影中のグレース・ケリーは、パーティシーンの美しいドレス姿で現れ、「そのシューズ、美しいわ、何て素敵なんでしょう！」と金色の草履を褒めた。

メイは驚いた。こんな美しい大女優が、まず相手のことを褒めるとは。

ハリウッド女優は気位が高く、気安く話などできないと思いこんでいた。みな笑顔で親しく語りかけてくれる。清人の通訳のおかげもあった。古巣の撮影所にあって、清人は実に生き生きと、堂々と振る舞った。

ドリス・デイは特に魅力的だった。そばかすの多い彼女に対策を聞くつもりでいたのだが、輝くような笑顔で「ハロー」と言われたとたん、そばかすのことなど吹っ飛んでしまった。これはメイにとって革命的な出来事だった。言葉もなくしたメイに、「スマイル・イズ・ベスト・メイクアップ！」と清人は笑った。

――女性の、美に対する価値観が違うんだわ。

ありのままの自分を知り、自信をもって笑顔を見せるということの大切さ。このことは、言葉で説くより何より、自分で実践していかなければならない。

メイが持参した法被《はっぴ》を、チャールトン・ヘストンやヴァージニア・メイヨが羽織った。前立てには「ハリウッドスター」のロゴタイプ。撮影所内の食堂に気安く誘い、記念撮影にも喜んで応じてくれるスターたち。

外見だけではない、人としての美しさを、メイは深く感じ取った。

きれいにしている人は優遇される

「きれいなことばかりじゃない。アメリカにはまだ、差別意識も根強いんだ」

ロサンゼルスの高級レストランで食事をしながら清人は言った。

「この席に僕らが座れるのは、身なりがきちんとしているからさ。みすぼらしい東洋人は店に入れもしないだろう」

見回すと、確かに周りに東洋人の姿はない。

「最初にこの国へ来た時、差別をいやというほど味わったからね。人種の問題は根深いが、それだけじゃない。きれいにしている人は優遇されるんだ。だから僕は、日本人をもっときれいに、高級にしたい。アメリカ人と堂々と肩を並べられるように」

器用にナイフとフォークを使いながら、清人はそう言った。

帰国も近づいた九月末、台風が津軽海峡を直撃し、青函《せいかん》連絡船が沈没したというニュースが伝わった。メイは青ざめて清人の手を握った。

長男の精一が北海道の販路を開拓中で、たびたび連絡船で行き来していたからだった。

深刻な被害の続報にはらはらしながら、ようやく東京と連絡が取れ、無事が確認された。帰国する船でほっと力が抜けたとたん、メイは初めて旅の疲れを感じた。

「帰ったら大忙しだ。今のうちに身体を休めておきなさい」

「あなたは、まだお仕事？」

「うん」と、その声は弾んでいる。

清人は頭に鉢巻きをして、映画雑誌に送る紀行文を書いていた。傍らの荷物には、家族や社員たちへのお土産だけでなく、洋書が山と積んである。アメリカで大ベストセラーを記録した宗教家ノーマン・ヴィンセント・ピールの『The Power of Positive Thinking』（邦題：積極的考え方の力）を始め、著名な心理学者や経営者による最新の著書の数々だ。

清人は自らの経営哲学をグループ全体に広めるため、「ハリウッド・ゼミナール」という、小売店相手の勉強会を計画中だった。

会社発足にあたり、友人の倉本長治《くらもとちょうじ》から助言を受けていた。雑誌「商業界」の主幹を務めた倉本は、「店は客のためにある」という名言を残している。この考え方に清人は心底共感していた。小売店任せの販売ではなく、ともに化粧品について学び、心から良い品としてお客様に薦めてもらいたい。そんな考えでゼミナールの準備をしている。

黙々と勉強に励む夫の姿を見ながら、メイは眠りに落ちていった。

紅白歌合戦審査員

帰国後、メイ・ウシヤマのハリウッド交友録は新聞、雑誌に掲載され、社名の「ハリウッド」の大いなる宣伝となった。

この年、昭和二十九（一九五四）年の大晦日、第五回となるＮＨＫ「紅白歌合戦」に呼ばれ、メイはエッセイストの渋沢秀雄、漫画家の横山隆一やバレリーナの貝谷八百子《かいたにやおこ》らとともに審査員席に並んだ。初めて間近に見る淡谷のり子や美空ひばり。歌謡ショーにうっとりとなったメイの姿は、霞町の美容室のテレビに大きく映し出された。八歳になったジェニーは、店に残った美容師たちと一緒に見守っていた。

ジェニーには、美容師たちとおそろいの、淡いピンクの仕事着をメイが手作りしてやった。時おり店に出て、道具を用意したり、落ちたピンを拾ったり、細々《こまごま》と手伝いをしてくれている。「ジェニーちゃん、ジェニーちゃん」と可愛がられ、楽しそうにしているが、じっさいは寂しい思いをすることもあるだろう。

他の子どもたちにしてもそうだ。子どもたちは、〝ふつうのお母さん〟ではないことに何の不満も言わない。清人にも妻として至らないことは明らかだ。働いているから当然、などとメイは思ったことがない。いつもにこにこ仕事をしながら、「申し訳ない」という思いでいる。そうしているからこそ、「今度、ああしてあげよう、こうしてあげよう」と、まめにやる気が起きるのだ。これはメイの、自分自身の操縦術だった。

「紅白歌合戦」にうっとりしても、内心、家族のことは忘れていなかった。

「人を見る目」を持つ夫

会社発足から三年が経っていたが、快進撃が始まるのは翌年の昭和三十（一九五五）年からだった。というのも、一九六四年の東京オリンピック開催決定が発表されたからだ。九年後の開催に向けて、国家レベルでの首都改造計画が発足しようとしている。その主なものに首都高速道路の建設があり、六本木通りは該当地のひとつとされた。

戦後すぐには想像もしなかった展開だった。この土地を選んだメイを、清人は賞賛した。それは、高根マサコというひとりの美容師を妻にし、「メイ牛山」にした、経営者・牛山清人の慧眼《けいがん》でもあった。

夫の「人を見る目」をマサコも信頼していた。裏表のない、正直で真面目な社員を、清人は大事にした。大事にするがゆえに、叱りつけることもよくあった。働きながら大学の夜学で学ぶ添野博《そえのひろし》は、そんな社員のひとりだった。

庭の手入れを自主的に始めた彼を信頼した清人は、庭だけでなく屋敷内の掃除まで任せるようになっていた。そして、よく雷を落とした。

「添野！　これはどうなっているんだっ！」

肥料のやり方を間違い、庭の植物を枯らしてしまった時には大変な騒ぎだった。

またある朝、添野はハタキをかけている時に、大きなガラスの置物を引っ掛けて割ってしまった。イタリア土産の高価な品だった。

「社長、大変なことをしてしまいました」

真っ青になって詫びに来た添野を、こういう時、清人は頭ごなしには叱らない。

「うむ……私はいいから、お母さん（メイ）に謝って来なさい」

恐る恐る部屋をノックした添野に、メイはこう言った。

「割れたものは仕方ないわ。それより怪我はなかった？」

割ってしまったことより、添野の身体を気づかうのだった。

海外の骨董品や装飾品を蒐集し、大切にしているのは確かだったが、壊されては困るようなものはひとつだけ、大理石でできた天使の像だった。メイはそれを、生まれて八ヵ月で亡くなった息子の克三と思っていたのだった。

こうして清人が社員を叱りつけ、メイがそれをフォローするという形ができていった。

「この先十年のうちに、この町は生まれ変わる。わが社もその波に乗って、ひとつ大きな発展を遂げようじゃないか！」

清人は朝礼で檄を飛ばした。

経済白書の「もはや戦後ではない」がしきりに言われた夏だった。

道路拡幅で霞町のサロンは取り壊しが決定。当面は材木町の仮店舗での営業となる。工場はというと、毎年のように継ぎ足しの拡張工事が行われており、来年には三階建ての工場、倉庫、宿舎の新築が決まった。「ハリウッド」の全施設見直しの機会だった。

繁盛の秘訣

サロンと美容学校とで忙しい合間にも、メイは地方で「美容ゼミナール」という勉強会を開催し、たびたび遠路を出かけた。販売店を酒席で接待するような時代ではない、化粧品の正しい使用法を、全国各地の販売店でともに学んでほしい、というのが清人の考えだった。ゼミナールはむしろ若い世代に積極的に受け入れられ、各地でメイの来訪を楽しみに待つ声が聞かれた。

地方へ行く列車の中で、メイは寛人――新田次郎の初めての単行本『強力伝』（朋文堂）をめくった。帯には「第三十四回直木賞受賞作品」とある。

――素晴らしいわ、寛人さん、頑張ったのね。

気象庁勤務のかたわら、こつこつと執筆活動を続けているようだった。「山と渓谷」誌に小説の連載を始め、しだいに名を知られるようになり、「強力伝」を含めたこの短編集で直木賞を受賞することになった。

「僕は女の人に向けて書いているんですよ」と、冗談めかして言ったことがある。「山登りのむさ苦しい男しか読まないようなものは、書きたくないんです」

いくら良いものを作っても、多くの人に受け入れられなければ意味がない。それは、清人がいつも言うことでもあった。

「商売繁盛の秘訣は何でしょう?」

取材を受けると清人はよく、「愛情」「真心」という言葉を使った。メイはそれを補足して、こんなふうに話した。

「お客様に何かしてあげるという気持ちじゃなく、お客様が何をしてほしがっているか、いつも思いやるということじゃないかしら。そのお客様のため、好きな人のためって思うと仕事は楽しくなるし、楽しく仕事をしていると、お客様が来てくださる。繁盛の秘訣があるとしたら、そんなことだと思うわ」

玄関を一歩入ったら妻になり母になる

材木町の会社と工場に隣接して、台湾籍の人が住む邸宅があった。

ここを買い取り、メイの一家の新しい住まいになったのは、昭和三十一（一九五六）年。千八百平米もの敷地に建つ大邸宅、その奥には緑豊かな庭が広がっていた。

牛山家の家族に加え、内弟子、お手伝いさんが住みこんだ。この家にメイと清人の仕事部屋がそれぞれあり、昼間は社員たちがよく出入りした。

仕事と私生活との隔たりがないのは、清人の仕事のやり方にかなっていた。

「これでいいね」と言われると、メイも何の異論もなく「はい」と従う。ただし、メイ個人の中で、はっきりと線を引いたことがあった。それは、たとえ数十メートルの距離でも、〝仕事から家に帰ったら主婦になる〟ということだった。玄関を一歩入ったら、メイはすぐエプロンをつけ、妻になり、母になった。

「お仕事があれだけ忙しくて、どうしてメイ先生はそこまで家のことをなさるんですか？」

住みこみの内弟子によく言われる。

「私はね、家ではエプロンかけて、掃除でもお料理でも何でもできて、外ではキャデラックが似合うような女が理想だったのよ」

そういう女性でありたい、という気持ちを持つことが、メイはとても大事だと思っていた。思わなければ、一生なれないだろう。思っていたら、おのずと努力してなれるものだと信じた。

どんなに忙しくても、休日は家族の時間にあてた。ジェニーに手伝わせて洋菓子をよく作った。クッキー、パイ皮で包んだ焼きりんご、三色のババロア。

家族でドライブにもよく出かけた。清人の車はグレーのキャデラック。単身アメリカに渡った頃から、いつか成功したら乗ろうと決めていた車だ。ライカのカメラを必ず持参して、愛車で蓼科《たてしな》や軽井沢に向かった。メイは早くに父を、清人はすでに両親ともに亡くしているため、家族旅行は夢だった。

夏は二十日ほど休みを取って蓼科で過ごした。美《うつくし》ヶ原《がはら》で幌馬車に乗るメイは、花柄のワンピースに麦わら帽子、清人はアロハシャツにサングラス。子どもたちもそれぞれに、メイが選んだリゾート・ファッションを装わせた。

子どもたちにはできる限りのことをしたい。幼いうちに美しいもの、高級なものに触れさせ、世界を広げてあげたい、というのが夫婦共通の思いだった。

観劇や美術鑑賞に出かけ、帰りはホテルやレストランで、ナイフとフォークで食事をする。世界中、どこへ行っても物怖じしない人間になってほしかった。

家族であちこち出かける中で、清人はとりわけ帝国ホテルが、それもアーケードが好きだった。若い頃の夢は「ホテルのオーナーになること」だったという。

——なんて格好いいお父さんかしら。

清人が子どもを連れて帝国ホテル・アーケードのブティックや洋菓子店を眺め歩く姿に、メイは見とれることもしばしばだった。

美のインスピレーション

高級なもの、一流のものがすべてではなかった。メイにとって最も崇高なもの、それは、地球の森羅万象、「自然」だった。メイはよく庭を歩き、花や鳥に話しかけた。絵筆を執ることもあった。花や植物は、絵に描くとまた新しい発見がある。スケッチをしている間に届け物があったと知らされ、それが新鮮な果物や魚介類だと、すぐ絵に描いて礼状を出した。息子の勝利が庭で見つけた玉虫の翅《はね》の色に見とれ、アクセサリーにできないかと考え、ブローチを作ったりもした。

開発が急速に進む六本木にいて、これだけの自然が個人宅に残されているのは奇跡と言えた。茂みにはカエルが棲み、メイの大嫌いなヘビが出たこともある。あらゆる昆虫が子どもたちの興味を引いた。

ジェニーがある日、声をあげて泣いていた。

「トンボを猫に食べられてしまったの」

池にはまったトンボをそっとすくって逃がしてやったのは昨日のこと。今日になってふいに飛んできたトンボがジェニーの肩に親しげにとまった。「昨日のお礼に来たんだわ！」と、メイに見せようとして家に駆けこんだところ、飼い猫に横からパクッとやられてしまったのだった。

「それは驚いたわねぇ。でもね、猫を叱ってはいけないのよ」

メイは娘の髪を撫でて言った。柔らかな幼子の髪が、艶やかな少女の髪に変わりつつある。メイの繊細な手の感覚は、ふつうならやり過ごしてしまいそうな小さな変化を察知する。これが自分の宝物だ。そして、四季折々の庭の草花に触れていることで、大切な手の感覚を研ぎすましていようとも思った。

よく客が訪れる庭だった。

清人の誕生日、十月八日に毎年恒例で行う「いとこ会」をガーデン・パーティにして、寛人やてい、寛人の弟で今は「ハリウッド」の社員となった潤三ら、藤原家の人びとに喜ばれた。

撮影で訪れた新人女優の稲垣美穂子は、庭の美しさに感激し、それがきっかけでサロンの客となり、メイの親しい友人のひとりになった。そうして六本木の「ハリウッド」の美しい庭は出会いの場となり、美に関する情報の発信基地にもなっていった。

人生を変えた自然食との出会い

昭和三十三（一九五八）年秋、世の中は皇太子婚約発表でミッチーブームが起きていた。その年、ゼミナールから発展してホテルや温泉などの会場を借り、全国大会を開催するようにもなった。全国のサロン、小売店主の前で講演する原稿を、清人は前もってきちんと作り、リハーサルもする綿密さだったが、メイはいつでも「出たとこ勝負」で、時事や流行に沿ってアドリブで話をした。美容師たちや美容学校の生徒をスタッフにしてのデモンストレーションも、いつもリハーサルなしで行った。

考えてみれば、いつだってぶっつけ本番だった。その瞬間にしか起こりえないもの、一期一会。「ときめき」がメイに仕事をさせているのだった。

――絵や建築と違って、ヘアメイクは残る芸術じゃない。髪は解かれ、メイクは落とされる。私は生きた作品を作り続けたい。

隔月で出すようになった小冊子「ハリウッド・スター」にはそんなメイの活躍や、ヘアメイクとおしゃれのコツ、アメリカの映画女優に学ぶファッション・センスなどを満載した。メイの発信力が出版界の目にも止まり、初の著作『おしゃれテクニック』（実業之日本社）を出版する運びともなった。

仕事も家庭も順風満帆、勢いを増すばかりだが、その頃メイは、これまでにない体調不良に悩まされていた。

物忘れもひどい。地方に講演に行くと眠くてたまらず、朝は起きられない。こんなことは初めてだった。もう若くない。メイは四十代後半になっていた。

疲れがたまっているだけだろう。最初はそう思ったが、このままでは仕事が続けられない、辞めた方がいいとまで自分を追いつめるようになってしまった。

「このところ、ひどく身体がだるくて。階段が辛くて、途中で立ち止まってしまうくらい。主人のゴルフのお供で箱根に向かう途中、貧血を起こして、小田原のお医者様のところで注射してもらって、どうにかたどり着くような具合で……」

ある日、料理研究家の友人、榊叔子《さかきよしこ》に相談すると、

「私が通っている自然食の教室に行ってみません？」

「自然食……？　なあに、それ？」

「とても興味深いの。食事で体質を変えて痩せるとかおっしゃるの」

何となく気が向いて、榊叔子の案内で高円寺の教室に行くことにした。教室の主宰者は栗山毅一《くりやまきいち》という食事療法の研究家だった。

「ふだんどのような食事をされていますか？」

メイは毎日の食事内容を告げた。朝はハムエッグにバターをたっぷり塗ったトースト。ご馳走といえば分厚いステーキ。広い庭でバーベキュー・パーティも楽しんでいる。

「それでは長生きできませんな。ご家族の健康状態はいかがですか？　体調を崩されているのは奥様だけですか？」

言われてみれば、清人もたくさんの不調を抱えている。風邪をひきやすく、胃腸が弱く、アレルギー症状で鼻水が止まらず、痔も持っている。いつも鞄に薬を山ほど持ち歩き、「アメリカ人並みに強くなるために」分厚いステーキを食べ……。ジェニーは冷え性でよくしもやけを作っているし、慢性結膜炎もある。腸が弱くしょっちゅうお腹をこわす。

アメリカ志向の清人に合わせ、結婚いらいずっと良かれと思ってきた欧米式食生活だ。海外視察で珍しいご馳走に出会うと、わくわくとメモを取って持ち帰り、みごとに再現して家族を喜ばせていた。

肉食や質の悪い油は身体を酸性にし病気を招きやすくなる、旬の果物や野菜をふんだんに摂って身体をアルカリ性にするというのが栗山の提唱する自然食の考え方だった。目からうろこが落ちた思いで、メイは食生活を完全に切り替える決意をした。それは愛用していた鍋や洋食器まで処分してしまう徹底ぶりだった。

家族から不満の声は上がったが、内弟子やお手伝いさんに食事内容を指示した。

結果、半年ほどで身体が軽くなった。子どもたちのニキビなどの悩みも軽減されていた。

――これはもしかしたら、とても重要なことなのじゃないかしら。

戦後、ニキビなど肌の悩みを抱える女性が増えたことを思い出した。たいていの場合、サロンで手入れをして一時的には良くなる。だがすぐ元に戻ってしまう。表面だけの問題ではないのだ。女優の髪や肌が健康でつやつやしているのは、年じゅう食事や睡眠に気をつかっているからではないか。内臓の健康は、美容には欠かせない問題なのではないか。戦後に出回った質の悪い油、ラードなどのために、日本女性の内臓が不健康になってしまったと考えればつじつまが合った。

食事が健康に関与するのは常識だが、美容にまで結びつけた美容家はまだ日本にはいない。メイが取り組むべきテーマが見えてきた。

徹底した自然食を続けるうちに、半年ほどで身体がすっかり軽くなり、肌や髪のつやもぐんと良くなった。何より仕事に向かう気力が回復したのがうれしかった。

「さあ、これからまた頑張るわ。お客様も家族もみんな健康にしてあげなくちゃ！」

もっとも、肉やうなぎの大好きな清人に野菜中心の自然食は不評で、時には子どもたちを連れて、こっそりステーキなど食べに行くようだった。

昭和三十年代のメイと清人は、最新のセンスと技術を得るため、毎年のように海外視察に出かけた。

昭和三十五（一九六〇）年には、フランス、ドイツ、イタリア、アメリカを歴訪した。フランスは香水の都・グラスで香料の研究を。パリではガブリエル・ガルラン美容室で最新のカット技術を習得した。

この年の旅の道中、夫婦で何気なく語り合うようになったことがある。

「いつか、エリザベス・アーデンのようなサロンが作りたいわね。うんと大きくて、ゴージャスなサロン……」

「美容と健康の総合サービスができる、東洋一のサロンか」

旅を続けながらイメージはふくらみ、ふたりの想像の中で「東洋一のサロン」の青写真ができていった。

東京オリンピック開催に伴う工事で、麻布店——あの霞町の三階建のビルは取り壊しが決まった。客からは惜しむ声もあったが、ビルじたいの老朽化で長くもたないことはわかっていた。

ふたりはむしろ、このビルが持っていたゴージャス感を、新しく作るサロンに昇華できないかと考えるようになっていた。

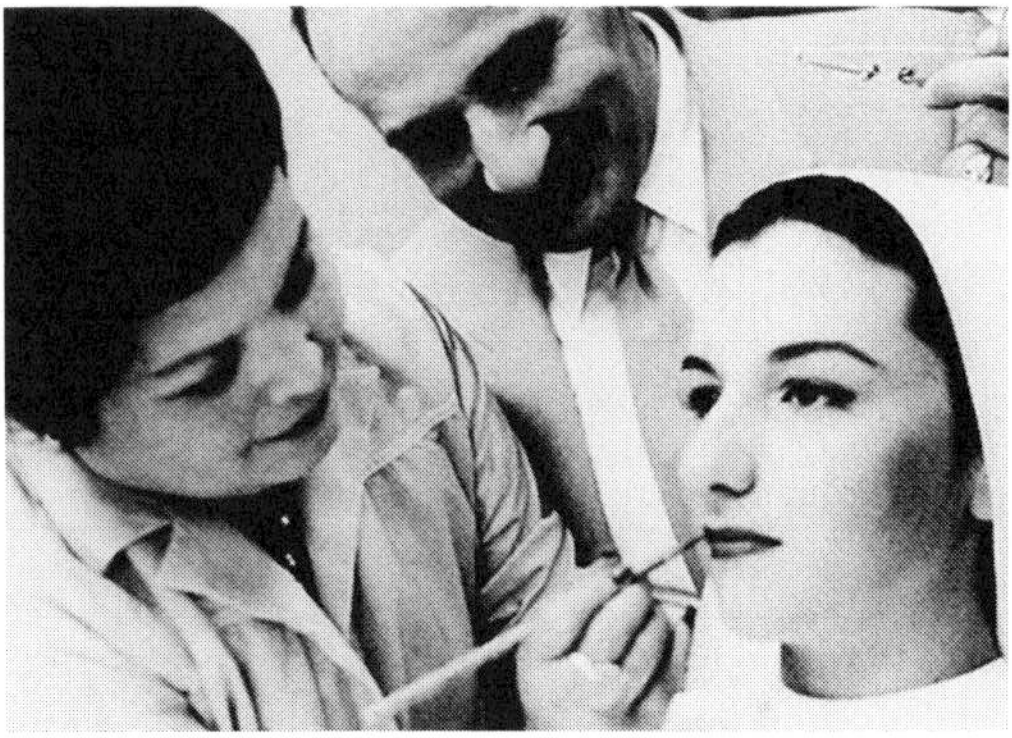

視察旅行で再び訪れたハリウッドでは、『ローマの休日』のヘアメイク担当、エディ・センズ（写真中央）に師事

美の秘訣とは

ヨーロッパから再びアメリカに渡り、ハリウッドの撮影スタジオに入ろうとした時、懐かしい声が響いた。

「先生！　メイ先生じゃありませんか！」

司葉子だった。メイは手を取り、異国の地での再会を喜んだ。

「まあ司さん、こんなところで会うなんて！　あなた、どうしてここへ？」

「見学と取材を兼ねて来ているんです」

昨年ミュンヘンで開催された日本映画見本市に、司葉子は東宝代表の女優として参加していた。おたがい海外旅行づいているとはいえ、こんなところでばったり会うのはただの偶然とは思えなかった。

デビュー以来、すでに年五、六本の映画に出演し続けている司葉子は、先輩の大女優、高峰秀子や原節子らの後輩として、着実に力をつけていた。女優としてのオーラが備わったのはもちろんだが、笑顔は変わらず、屈託ない女学生のようだった。映画の都ハリウッドにいてもその魅力は遜色がなく、旅の疲れさえまったく感じさせない。

「ねえメイ先生。女優をやっていると、よく、美の秘訣は何かって聞かれますでしょう？

私、何て答えてると思います?」

「よく寝てよく食べること?」

「あたり! でも、もうひとつあるんです。それは、悩まないこと」

繊細なシーンを演じるときも、悩まずやってみる。もし失敗しても、悩まずまた挑戦する。よくなかったことは引きずらない。

「なるほどね。それは、女優さんじゃなくても大切なことね」

「だってこのこと、メイ先生が教えてくださったんじゃありませんか。私が女優になるか悩んでいた時。やってみたらいいじゃない?って」

司葉子の笑顔を見ているうちに、メイの中でひとつの理念が像を結んできた。ホテルに帰るとすぐに、ノートに書きつけていた。

「肌」「体」そして「心」。

これは美しくなるために欠かせない、三要素なのではないか。

米国ハリウッドで偶然司葉子(左から二番目)と再会

「肌」。皮膚を外側から綺麗にすること。清潔にし、皮膚呼吸をスムーズにし、老廃物を排泄させ、潤いを与えること。

「体」の新陳代謝。内臓の働きを良くし、排便をスムーズにすること。

そして、「心」の悩みや暗さを解き放つこと。

「三大排泄美容法」

と、書いて清人に見せてみた。

「うむ、すぐに書いて発表しなさい」

清人が原稿用紙を差し出す前に、メイはもうノートにペンを走らせていた。


昭和三十六（一九六一）年。三年後に迫ったオリンピックに向けて、東京の街は加速度的に変化している。競技場が作られ、大きな公園が整備され、石畳や土の道はアスファルトで埋められていく。銀座八丁を囲んでいたお堀がすべて埋め立てられ、首都高速道路になっていく。六本木は地下鉄工事と首都高建設にともない、通りのグリーンベルトが潰され、シンボルだった六本のケヤキの樹も切られることになる。

新しいものの中に埋もれるようにして、千鳥ヶ淵に戦没者墓苑が作られていた。身許のわからない戦没者の遺骨が納められる場だった。

もう何度めかの海外視察の旅から戻り、メイはここに立ち寄っていた。近くの靖国神社に花嫁人形を奉納した帰りだった。朝鮮から出征した登がいつか帰って来ると信じ続け、仕事に専念する日々の中、その思いもいつしか忘れかけていた。諦めはついているが、弟が不憫なことに変わりはない。結婚もしていなかった。最後に防府で会った時、フミちゃんの話をしながら赤くなっていたのを昨日のことのように思い出す。

フミちゃんに似た顔の花嫁人形を探し、靖国に奉納し、そして祭壇に白い菊を手向けて手を合わせた。千鳥ヶ淵は、結婚して最初に住んだ麴町が近かった。よく散歩した。子どもをおぶって桜を見にも来た。空襲など想像もしていなかった。とても静かで、お堀をかすめる鳥の羽音が聞こえていた。

三年前に完成した東京タワーが向こうにそびえ立っている。六本木は今、「世界一高い塔に最も近い街」と言われるようになった。

ふぅっと息をついて、メイは背筋を伸ばした。

——さあ、まだまだ、これからよ。

東京のスピードに負けるものですか、と勇気を奮い立たせ、メイは歩き出した。

調布に新工場を建設中だった。麻布材木町の会社敷地から、製造部門をすべて移転する。そうして霞町の麻布店も含め、周辺の関係施設が材木町の敷地にひとまとめにされる。

そこに完成を夢みるのは、夫婦で温めてきた「東洋一のサロン」だった。

昭和四十（一九六五）年
材木町に完成した
新しいサロン。
メイと女優たちとの
写真が飾られた

第八章
〝女のプロ〟になりなさい

夢が実現するとき

《夢の美容室誕生！》

《日本ではじめてのビューティサロン誕生！》

「ハリウッド」グループの機関誌である「ハリウッド・スター」41号が届くと、小売店、デパート店舗、そして化粧品を愛用している客の一人ひとりが、全国各地でわくわくと表紙に見とれた。

材木町に完成した真新しいサロン。そのロビーに立つメイ牛山の晴れ姿。

「日本も、いまでは先進諸国と足なみを揃えてゆけるようになりましたが、美容に関するかぎり、まだ物真似的な域を脱しきれません。人真似でなく、もっと独特のものがほしい！　個性美をひき出し、全身美をつくる――〈21世紀の美を生む美容室〉としてふみ出しました」

――と、オープニング・パーティで語られたメイのあいさつが採録されている。

昭和四十（一九六五）年九月二十六日、各界の名士を大勢集めてそのパーティは開催された。大手新聞社、雑誌社からも取材記者が詰めかけた。

「これが、私の集大成……」

あいさつを終えたメイは、高い天井を見上げた。その目はシャンデリアのきらめきを映し、輝いている。

外観、設計、デザイン、配色、インテリア。すべてにメイの意見が取りこまれた。清人と温めてきた「東洋一のサロン」を実現したのだった。

広い敷地に建つ白亜の斬新な建物。正面玄関を入ると、二階へと続く幅広い大階段の真っ赤な絨毯がまず目に入る。吹き抜けの天井にはヨーロッパで購入したシャンデリア。二階にはドイツ製のスタンド式ヘア・ドライヤーがずらりと並び、観葉植物の緑とバラがふんだんに飾られた。待合用の椅子や休憩用のソファもこだわりの輸入品。最新の美容器具、全身美容のための部屋、フランスから輸入したマニキュアの施術スペース、和服の着付け室、美容体操室、写真スタジオ。皇族や女優、政財界の夫人のための特別室。美容に関するおよそありとあらゆる最先端の機能がここに集められていた。

「メイ先生、ハリー社長、おめでとうございます！」

秋山庄太郎《あきやましょうたろう》が来てカメラを向けた。売れっ子フリーカメラマン。原節子や高峰秀子のポートレートで人気が出て、発刊ラッシュの週刊誌の表紙を一手に引き受けている。麻布笄町《こうがいちょう》に真っ黒な吹き抜けのスタジオを新築したばかりのご近所さんだ。

「庭を見せてもらっていいですか？」

「どうぞ。素敵な写真が撮れたら、焼き増ししてね」

有名人でにぎわうロビーをさっと抜けて、秋山はサロン南の庭に出て行った。ガラス越しに一千平米もの緑豊かな庭が広がっている。今は遅咲きのバラやシュウメイギク、ダリヤが咲いたところだ。秋山庄太郎は、美しい女優を撮るのと同様に花を撮るのが好きだった。そんなところにメイは信頼を抱いた。

秋山との共同作業で「メイクアップ写真展」を開催したのはちょうど一年前になる。メイの作品を秋山が撮影し、パネルにして、芝の東京プリンスホテルの会場に展示した。テーマを「ゴールドメイク」とし、アイラインやラメ入りのシャドウを使い、今までにない目元を強調したメイクを提案、サロンの客の女優たちにモデルを務めてもらった。

ヘアメイクの仕事は一期一会、保存できないその場限りのものと思っていたが、秋山の写真はメイを驚かせた。モデルに施したスタイルの、その時の髪のつやと流れ、メイクの鮮やかさが時を止め、定着されていた。

育つ人の条件

東京オリンピックを経て、日本は高度成長期のただ中にある。

六本木通りに高速道路が、両脇の道沿いには高いビルが、今も隙間を埋めるように建設中だ。地下鉄日比谷線ができて急に人が増えた。六本木は、宍戸錠や二谷英明ら日活の俳優が遊びに来る町になった。若手の石原裕次郎が水の江滝子に連れられて「シシリア」に来たという。売れっ子のモデルやカメラマン、ジャズ・ミュージシャンが夜明けまで遊び、タレント志望の若者がたむろする、そんな町になった。

テレビ局が開局したのは六年前。芸能人や放送関係者が近くを行き来するようになったが、メイのサロンは特別な空気を保ち続けていた。外観のせいばかりではない。戦前から脈々と続く客層のおかげだった。皇族、政財界の夫人、女優、作家などの文化人がサロンを訪れ、華やかな雰囲気に身をゆだね、くつろいだ。サロンの入口にお客様の金の名札が掲げられる。美容師たちはその錚々たる顔ぶれに身を引きしめた。

「お客様には、皇族の方、深窓のご令嬢もいらっしゃいます。一流を知る方の環境は、たいへん静謐《せいひつ》なものです。大きな声や物音は絶対に禁物です」

メイは厳しく言い渡した。

美容師たちは、常に緊張感を持って粛々と働いた。

「よい道具を買って、大事に使いなさい」

「ハサミやブラシは使う人の手になじんでいくもの。店の備品を共同で使うようなことは、うちではしません」

「洗髪ひとつで技量がわかります。何度も何度も練習して手で覚えなさい」

「一流になるには、一流のものに触れること」

「感性を育てなさい。美しい物を見なさい、よい映画を観なさい」

「まずあなたたちが健康で美しくあること」

「自分を見捨てないこと！」

メイの経験に根ざした教えは数知れない。

「目標は口に出して言うこと。ハリー社長は東洋一のサロンを作るという目標を紙に書いて、寝室に貼って、唱えてから寝ていたわ。自分の声を最初に聞くのは自分。だめだ、だめだ、と言っていたら、本当にだめになってしまうのよ」

美容師のひとり、安部柾恵《あべまさえ》はメイの言葉をメモ帳にしっかり書きつけた。

はじめは客だった。霞町のサロンに憧れ、メイと出会い、ついて行きたいと思った。勤めていた証券会社を辞めて入所したが、知れば知るほどメイの器用さに驚嘆し、できない自分をもどかしく思った。ついて行くのに必死で、失敗し、叱られることもたびたびだった。ただ、メイはけっして叱りっぱなしにはしない。

「済んだことはいいわ。くよくよしないで、これから先のことを考える！」

安部は何度も自分に言い聞かせた。その通りだった。落ちこんでいる暇があるなら、もっと腕を磨く。考えるより手を動かす。自分のことよりお客様のことを考えるのだ。

「すぐやる」「本気でやる」「必ずやる」

この三つができれば良いとメイは言った。

美容師たちが自分と同じようにできないからといって、メイはけっして腹を立てなかった。自分が飛び抜けて器用であるということをよく知っていた。後輩たちに望むのは、誠実さと、温かい手だけだった。新しい美容師が入ると、メイは必ず手を握り、目を見た。叱っても素直に聞き入れ、失敗に学ぶ者は、必ず伸びた。

「お客様に学びなさい」

客たちの立ち居振る舞いはそれぞれじたいがお手本でもある。

「素直に教わりなさい」

意見されれば、ありがたく教えを仰ぐ。自分のセンスを磨くために。

客たちの品の良さに触れ、美容師たちが上品に育っていく。それがメイ牛山のサロンの特長だった。

制服が汚れている美容師がいると、清人が飛んで来て、「洗濯部屋に閉じこめておけ！」と叱った。

「この人は伸びる」とメイがひと目見て直感する美容師もいた。

やはり霞町の美容学校から出た西川裕子《にしかわゆうこ》は、入所当時から独自のファッション・センスが光っていた。「ほかの人と同じではいや」という、メイと同じ主義の持ち主で、日焼けを気にする女性が多い中、小麦色に焼いた肌、白いパンタロンで颯爽と歩いている。

「外国人のようでとっても素敵。それがあなたの個性ね」

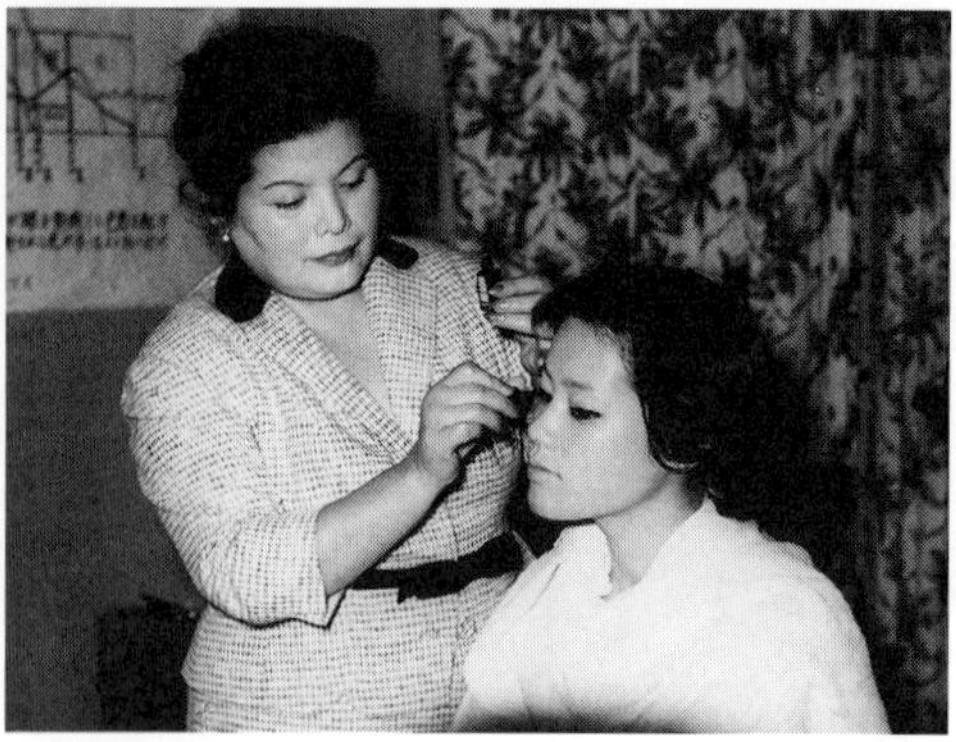
「お客様に学びなさい」。メイは言葉と身体で熱く美容師たちを指導した

と、メイはよく褒めた。今は清人から「ユーコ牛山」の名をもらい、雑誌のグラビアの仕事のアシスタントを務め、時にはその名で自作のヘア・デザインも発表している。

たった一度だけメイが意見したのは、ユーコが「ハリウッド」らしくない、無難で平凡な髪を作った時だった。

「これは、うちのスタイルじゃないわね」

そのひと言だけで、ユーコにはすぐ伝わったようだった。

若い優秀な美容師が育っていた。

そして、しだいに若いタレントや新人歌手がサロンを訪れるようになった。

芸能人、一般人、皇族や政財界の夫人。メイは分け隔てなく接した。ニキビの悩みを相談されれば、自分で実践している食事療法をていねいに解説する。

全国から葉書や手紙で相談が寄せられるようになっても、できる限り返事を書いて答えた。

メイの庭から生まれた名曲

昭和四十一（一九六六）年、マイク眞木の「バラが咲いた」が街じゅうに流れていた。テレビ、ラジオ、レコード屋の街頭。道行く人もつい口ずさんでしまう。

庭で大好きな赤いバラの世話をしながら、メイもよく歌った。世間はビートルズの来日で大騒ぎだが、こっちの方がメイには親しみやすい。三十万枚の大ヒット。わが息子のことのようにうれしい。というのも、マイク眞木は三男の勝利の同級生で、中学生の頃からよく遊びに来ていたからだった。

当時から「歌手になりたい」とはっきり夢を語っていた。ギターを担いで自由に牛山家に出入りし、メイが仕事から帰ると、家族のように「お帰りなさい」と笑顔を見せ、夜通し勝利の部屋で歌ったりしゃべったり、そのまま寝て朝食を食べていくこともあった。

「親御さんに心配はかけちゃだめよ」と言うだけで、メイは叱らなかった。勉強よりも、勝利は車に、マイク眞木は音楽に夢中だったが、それが将来の活躍につながってくれたらいいと願っていた。

ふたりとも青山学院高校から日大藝術学部写真学科に進み、勝利は大学を休学してフランスのグラスへ、マイク眞木はレコード・デビュー。

「バラが咲いた」のバラは、メイの庭のバラ園がモチーフだった。音楽家・浜口庫之助《はまぐちくらのすけ》の夫人がサロンの客で、その素晴らしい庭のバラの様子が浜口に伝わり、サン＝テグジュペリの『星の王子さま』に登場するバラと重なって生まれた曲なのだった。

一方、フランスに香料の勉強に行った勝利は、パリ市内の有名美容室を訪問し、そのレポートを「ハリウッド・スター」誌に寄稿している。メイの大好きなバラの香りも、いずれ化粧品開発に役立てることができるだろう。

若い世代の活躍にはわくわくする。「最近の若い者は」という小言がよく聞かれるが、メイはそんなふうには考えない。若いというのはそれだけで素晴らしい。子どもたち、弟子たちには、みんなここから空高く羽ばたいて行き、遠くから元気に手を振ってほしい。それが自分の活力になるというわけだ。

司葉子が有吉佐和子原作の大作映画『紀ノ川《きのかわ》』に主演することが決まった。これを聞いた時も身内のことのように嬉しかった。

身内といえば新田次郎が、五十四歳でついに気象庁を退職し、執筆に専念すると宣言した。まだ辞めていなかったのかと驚く人もいたが、メイにはこの年まで頑張って二足のわらじで来た気持ちがよくわかった。後からていに聞いた話では、担当していた富士山気象レーダーの建設完了を区切りに決めていたそうだ。いよいよという日、「富士山頂レーダーもできたし、辞めるよ」と涙ぐんで言ったという。

それから間もなく、新田次郎こと寛人は新しい小説の取材のためにアラスカへ行った。帰国するとまっすぐ六本木へ、清人とメイにまず元気な顔を見せに来るのだった。

おしゃれをなさい

新田次郎夫妻との交流は、マスコミの目にも留まったようだった。

翌年秋、五十六歳になったメイと清人に日本テレビから「すてきな夫婦」への出演依頼があった。有名人夫妻の日常をVTRで紹介しながら、友人・知人を招いてスタジオで歓談するという和やかな番組だ。スタジオに招かれたのは、帰国していた早川雪洲、料理研究家でメイに栗山式自然食を勧めた榊叔子、サロンの客の小桜葉子（上原謙夫人、加山雄三の母）、弟子のユーコ牛山、そして、新田次郎・てい夫妻だった。

ちょうどメイは二冊目の著書『メイ・ウシヤマの美容全科』（家の光協会）を出版したばかりで、独自に打ち立てた三大排泄美容法を全国の電波に乗せて紹介する絶好の機会になった。

この日のメイの楽しい語り口が評判になって、その後テレビの出演依頼が続いた。フジテレビ系「この人の魅力」に毎週「メイ・ウシヤマの美容サロン」というレギュラーコーナーが設けられた。メイは全国の女性に向かって発信した。

早川雪洲らと日本テレビ「素敵な夫婦」出演。楽しいトークは話題を呼んだ

「おしゃれ心のある人は、きっと美しいもの、きれいなものを常に愛し、求める人でしょう。物を見て、素晴らしいとか美しいと思う感動のない人は、老化現象が進んでいる証拠かもしれませんよ。おしゃれは楽しいもの、美しいもの、そして、心を豊かにするものですよ！」

——おしゃれをなさい。

と物心つく頃からメイに言われ、少女時代はアメリカ製のワンピースを着て育ったジェニーは、おしゃれな東洋英和女学院の短大生になっていた。

この年、昭和四十二（一九六七）年の五月、成人のお祝いを兼ねて、親子三人で世界旅行に出ることになった。ハワイからニューヨークへ。ヨーロッパへ渡り、パリにいた勝利と合流してレンタカーを借り、スイスのジュネーブ、イタリアのニース、フィレンツェ、イギリスのロンドンへ。

旅先で聞かされた印象的な話があった。不治の病と見放された患者が、とある別の病院を頼り、なぜか家族もともに入院させられた。家族が献身的に看病を続けるうちに、奇跡的に回復した……という。

「人間に何より必要なのは愛情にほかならないということね。夫婦においても、親子においても」

メイが言うと、清人は「会社組織においても」と付け加えた。

ロサンゼルス・日本人街のスタジオで撮った写真は、家族の大切な記念のひとつになっ

た。スタジオの主は同じ早川雪洲の運転手を務めたこともある宮武東洋《みやたけとうよう》。日本の写真館で

撮るのとはまるで違う、個性的で格調の高い写真だった。

長年親しんだ会社所在地の名称が、「材木町六十四番地」から「六本木六丁目五-十

三」となった翌年、昭和四十三（一九六八）年四月。ついに念願の「ハリウッド本社ビ

ル」が竣工した。

鉄筋四階建ての白いビル。屋上には「HOLLYWOOD·COSMETIC」の青い文字。本社

事務所と美容学校、広い講堂も作られた。

「おはようございます！」

朝八時三十分。清人は鉢巻きをして現れ、大きな声で社員に活を入れる。三十分後の九

時、同じ場所で今度は美容学校生に「おはようございます！」と朝礼を行う。

「おはようございます！」

メイは学生たちと一緒に声を出した。

まるで銀座木挽町の講習所に入所した二十一歳の頃と同じ、真新しい気分だった。ビルの下にできた広い三角の空き地に降りて、白衣の美容学校生たちとともに、風船を手に落成を祝った。

パリ帰りの新しい娘

「もしもし？　お母さん、元気？」

パリにいる息子の勝利から国際電話がかかった。

「まあ、どうしたの？　何かあったの？」

「結婚しました」

「……えっ？」

「相手は朝吹雅子《あさぶきまさこ》さん。マサコって、お母さんと同じ名前だね。あとは日本に帰ってから説明するから。じゃ！」

電話はそれで切れてしまった。それほど驚きはしなかった。勝利の交友関係は面白く、マイク眞木やムッシュかまやつ（釜萢弘《かまやつひろし》）はしょっちゅう家に出入りしていたし、劇団「天井桟敷」に頼まれて、サロンのロビーをポスター撮影に貸したこともある。それがきっかけで寺山修司の本を読んでみたら、哲学的なことを詩のようにさらりと言っているので、メイはすっかり好きになってしまった。

「〝ふりむくな、うしろには夢がない〟――ね、いい言葉でしょう？」

メイはよく、寺山修司のその言葉をサロンで弟子たちに語った。何か失敗して落ちこんだ時、実に明快に、しかもロマンティックに人を励ます言葉だった。何よりメイがふだん考えていることと同じだった。

勝利はまだ社員ではないが、旅慣れているので、何度か欧州視察に行かせていた。その滞在中のパリで結婚、事後報告とは、彼らしいと言えば彼らしい。

ともかくサロンの仕事に次の本の執筆、新しく始める通信教育用のテキスト執筆、テレビ出演と仕事をこなすうちに、その話は置き去りにしていた。すっかり忘れた頃に、ふたりが帰国した。甘い新婚夫婦というより、戦から戻った同志のようだった。

朝吹雅子は建築家の朝吹四郎を父に、フランソワーズ・サガンの『悲しみよ こんにちは』（新潮文庫）の邦訳で知られる仏文学の朝吹登水子《あさぶきとみこ》をおばにもち、遡れば三井系実業家、さらに福沢諭吉につながる家系の令嬢だった。すらりと背が高くて美しく、若いのに自立した面差しで物をはっきり言う。メイはすぐに気が合うと直感した。

挙式はせず、ホテルでカジュアルな披露パーティを開いて祝った。独創的で、古い形式に縛られないのは大賛成だった。

勝利は新しく立ち上げた会社「メイウシヤマ化粧品」の社長に抜擢され、化粧品開発の陣頭指揮をとることになる。

〝女のプロ〟になりなさい

勝利と雅子の夫婦に長男が生まれ、翌年には次男が生まれたその年。

昭和四十六（一九七一）年、清人の人生に、この上なく晴れがましい日がやって来た。勲四等瑞宝章《くんよんとうずいほうしょう》。長年にわたり化粧品業界の発展に寄与した業績により、七十二歳になる牛山清人は叙勲《じょくん》を受けることとなったのだ。

ホテルニューオータニでの祝賀会で清人が述べたあいさつは、これまで四十五年にもわたり第一線で活躍し続けてこられたことへの感謝の言葉だった。会場の隅の暗がりに立つメイに、カメラマンの秋山庄太郎が「おめでとうございます」と声をかけた。

「どうもありがとう。あなたもご活躍ね、うれしいわ」

品川のホテルにブライダル・スタジオを開設した秋山は、美しい花嫁を撮るだけにとどまらず、作家や芸術家、政治家のポートレート、花の写真など作品の幅を広げている。新田次郎の写真も撮ったが、これほど寛人らしい写真はなかった。

九月、その新田次郎の新作『八甲田山死の彷徨』（新潮社）が刊行された。

「本が売れすぎてね……怖いんですよ。どうしてこんなに売れるのか」

「それは君の書くものが良いからだろう？　愛情こめて、精魂こめて作ったものは、人に伝わるんだよ」

「それが、できなくなったら？」

「川端康成が自殺したせいか？　馬鹿もん！　売れてる今、そんなこと考えてどうする！」

翌年の春、廊下にふたりのやりとりが漏れ聞こえていた。メイは笑顔で清人の部屋のドアを開けた。

「虎屋のようかん。寛人さんお好きでしょ？　ようかんは身体にいいのよ」

顔を紅潮させた清人は、その場をメイに任せて出て行った。

「ねえ寛人さん、私もまた本を出す準備を始めているんですよ。今度は美容指導から一歩踏みこんで、女が働くということ、仕事を持って輝くということについて、みっちり書こうと思っているの」

「それはいい。ウーマン・リブの時代ですからね」

「私が書きたいのは、男に対抗する女のことじゃないのよ。たとえばあなたのお母様」

「亡くなったうちのお袋？」

何の話かと、寛人は眉根を寄せた。

「どこにでもいるような、目立たない農家のお婆さん。でも家族を慈しむ愛情の深さは誰よりも深かったわね。いつもにこにこして。花の世話が好きで、毎日お天道様に感謝して。直木賞受賞の時、初めてきちんと着物でいらした姿を見て、こんなに美しい人だったのかと感心したわ。美しい人というのは、こういう人のことを言うんだわって」

ある年の十月、寛人の母は急に亡くなった。冷えこみから花を守ろうと霜除けの覆いをしていた時に、脳溢血を起こし、数輪の菊の花を胸に抱いて。眠るような死顔だったという。

「寛人さんのお母様や、うちの母に見習うことはたくさんあるの。男と女は違うのよ。要するに、大事なことは〝女のプロ〟になるということよ。専業主婦であろうと、仕事を持とうと、プロ意識を持った〝女〟になるの。それができたら、日本の女性はみんな、もっと楽しく、もっと美しくなるわ」

「なるほど……プロ意識か……」

しばし黙ってお茶をすすっていた寛人は、急に立ち上がった。

「帰って小説の続きを書きます」

戻って来た清人が「何だ、晩飯を食べるんじゃなかったのか」と慌てた。

「またいずれ、うちのを連れてゆっくり遊びに来ますよ」

玄関を出る時、寛人は笑顔で言った。

「僕はいつか、槍ヶ岳に挑戦したいと思っているんです。登りますよ、僕は」

働く女こそ家のことを一生懸命やる

昭和四十八（一九七三）年、六十二歳のメイが出した『女がはたらくとき　しあわせな家庭をきずく本』（三笠書房）には、山口から単身上京し美容家生活四十年、その生い立ちから日々思うことまで、飾らない文章でみっちりとつづられ、たちまちベストセラーとなった。

「物を買うのも作るのも、私は人に相談しません。仕事のことでも同じです。いまもって人に相談する必要を感じません。全部自分で決めます。だから失敗しても自分がやったことですから少しも後悔しません。そのほうが気が楽です」

こんなさっぱりとした語り口で、家庭と仕事の両立という問題に、自らの経験をもって切りこんだ内容は、若い女性たちを力強く励ました。

また同じ年、メイの念願だった健康食品の発売が実現した。

化粧品会社が食品を開発するという例はこれまでになく、デパートの売り場では、規則で店頭に置けない事態も起きた。美容と健康が不可分であるという、メイの持論は新しすぎた。それがわかる社員は、より熱心に販売の策を練った。

サロンには、日本映画界を代表する女優たちに加えて新人女優やデビュー前の歌手、オリンピックに出場した女性選手ら若い姿も増えた。みんながメイを母のように慕っている。言動や洋服のセンスが良くなければ、メイは客であろうとはっきり意見した。子連れの客が来て、サロンで子どもが騒ぎ回るようなことがあれば、当たり前に叱った。

そんな多忙の日々でも、メイは清人より先に帰り、エプロンをつけた。

「たった五分早いだけでいいの。あなたたちも結婚したら、そうなさい」と、サロンの弟子たちにも勧めた。

「どうしたって、仕事をしていたら旦那様には不自由かけるのだから。ふつうの家庭の奥さん以上に家のことを一生懸命やろうと思うことよ」

そう言われ、実践する弟子たちがいた。安部柾恵もそのひとりで、帰宅するとそのまま割烹着を身につけ台所に立つようになった。

「メイ先生のおっしゃる通り、やろうと思う気持ちが大切なのですね。主人も仕事に協力的な気持ちになってくれています」

「そうでしょう?」とメイはにっこり笑った。

まれにメイが出張で泊まりになると、ジェニーや雅子ら息子の嫁たちが気遣い、清人を囲んで賑やかに夕食をとった。いくら盛り上げてもむっつりと不機嫌な清人は、玄関ドアが開き、「ただいま」とメイの声がすると、パッと笑顔になる。メイの方は、旅行鞄を玄関に置くや、エプロンをつけて台所に立つのだった。

家族や住みこみの弟子に「よくそこまで……」と相変わらず感心されながら、メイは清人に尽くすことを常に忘れない。

ハンドバッグに清人のための「七つ道具」を入れて持ち歩くのも習慣になっていた。寒ければ「手袋ッ！」、耳がかゆければ「耳かきッ！」と、いつ何どき声が飛んでくるかわからない。新婚時代は驚いたものだが、「そんなものここにありませんよ」と言いたくないので、バッグの中にあらゆる物を入れて、いつでもパッと渡せるようになった。そこまでするのは、明治の女の意地だとわれながら思った。

ジェニーの結婚

ある日、メイの帰りを待ちかねて清人が言い出した。

「お母さん。今日はものすごく頭の切れる男に会ったよ。早稲田の大学院を出て、中小企業投資育成会社に勤めている、山中君というんだがね」

中小企業の上場をサポートする半官半民の機構で働く山中祥弘《やまなかよしひろ》は「ハリウッド」の担当者だった。会ってみるとじっさい頭が良く、明るくて思いやりがある。人をまとめる能力に長けているのもメイの目に明らかだった。三十三歳、独身。しぜんと二十八になるジェニーが夫婦の会話に上る。

「素敵な人だから、まあ一度会ってごらんなさいよ。向こうがあなたを気に入るかどうかわからないけどね」

ジェニーにそう言って、勝利の友人たちを集めた気軽なホーム・パーティでふたりを引き合わせることにした。

勝利と雅子にはもう子どもが三人。長男の大輔と、年子で次男の健が生まれ、初めての女の子、櫻子が生まれたばかりだ。子ども連れの客も多い賑やかな席で、ジェニーと山中は初めてあいさつを交わした。すぐに意気投合したのが、遠巻きに見ていたメイにわかった。話は弾んでいるようだ。

「何を楽しそうに話していたの？」

後から聞くと、

「山中さんて、『太閤記』にも出てくる戦国武将の山中鹿之介《やまなかしかのすけ》の子孫なんですって。私も歴史が好きだから、戦国時代の話なんかをしたの」

「まあ、ムードのないことね」

「いいじゃない、話が合うんだから。それにね……」

と、ジェニーははにかんで頬を赤らめた。

「初めて会った気がしないって。昔どこかで会ったことがあるような気がするって……。私も、そんな気がしたわね」

その年の十月八日、清人の七十五歳の誕生日。

恒例の「感謝の集い」には、新田次郎とてい夫妻、女優や著名人ら百五十名もの客が招待され、その場でジェニーと山中祥弘の婚約が発表された。

祝福の言葉を受けて、花嫁の父となる清人は終始、満面に笑顔を浮かべていた。

ふとその顔がやつれて見える。メイは目を凝らした。

庭の木立が影を落としているだけだった。

海外視察はもちろん、
どこへ行くにも
一緒だったメイと清人

第九章
余命宣告からの生還

余命三ヵ月と宣告された清人

昭和五十一（一九七六）年、夏の終わりの明け方、病院から電話があった。

――やはり、ただごとではないのだわ。

メイはすぐにタクシーを呼び、出かける支度をした。

清人は昨年から見る見る痩せて、食欲もなく、朝起きるのも辛そうになった。弱音を吐いたこともない人が、ついに音を上げた。親しい医師に紹介状を書いてもらい、大きな病院に検査入院したのだった。

「胆石でしょう」と言われていたのだが……。

駆けつけたメイに、主治医はレントゲン写真を示しながら説明した。

「ここが胃、ここが十二指腸です。裏側にあるのがすい臓で……わかりにくいのですが、ここに影のようなものが見受けられます」

メイはハンカチをぎゅっと握りしめた。いつかフランスで買ったお気に入りの。

「すぐに手術をした方がいいでしょう」

「すぐ……？」

「開けてみないことには、病気の進行具合や悪性度……細胞を取って、病理検査を……」

意識が遠のきそうになるのを必死にこらえて、メイは聞いた。

「手術をしなかったら、どうなりますか」

「持って、三ヵ月でしょう」

心臓が破裂しそうだった。

「では手術をしたら、あとどれくらい生きられるんですか？」

「わかりません」

「わからないのだったら……」

そこで決心が固まった。

「手術はしません。夫はあんなに痩せて弱っているんです。もういくらも生きられないのなら、連れて帰ります。退院させてください」

主治医は慌てて反対したが、メイは揺るがなかった。すぐに清人を車に乗せて取って返した。手術費用に用意した三十万円は、途中、教会に寄付した。

「メイ先生、ハリー社長！　どうなさったんですか⁉」

清人を連れ帰ったメイにみんな仰天していた。ともかく清人を寝室に寝かせ、メイは家族とスタッフを招集した。自宅療養に決めたと告げると、また騒然となった。

「そんな大変なこと、誰にも相談しないで決めていいの？」

「そうだよ、ほかの医者に診せることだってできるじゃないか」

「もう決めたことです」

メイはぴしゃりと家族の口を封じた。

「今できる、いちばんよいことをするだけよ」

夫の看病

ベテランの看護婦に付いてもらった。清人が気に入らないと言うので、何人か替えてみたが、むだだった。自ら看護する決意をしたメイにとって、頼みの綱は「食事」だ。

青汁というものが良いというので、ほうれん草や小松菜、三つ葉を毎日すり鉢で擂って飲ませた。肉や卵など動物性のたんぱく質は厳禁。でんぷん質と果物、青汁を一日に六〜八回に分けてとらせる。衰弱した身体では、栄養を吸収する力もない。少量ずつというのが大切だと栗山に教わった。

「こんなもの食えるか！」と以前の清人なら怒り出したかもしれない。今は必死だった。メイが励ましながら運ぶスプーンを、がむしゃらに受けて飲みこんだ。嫌いだった野菜類、酢のものも進んで食べた。

背中が痛んで眠れない夜は、メイがずっと添い寝してさすった。

「夫の看護婦になる」「夫の栄養士になる」——新婚旅行の夜汽車の中で考えたことが、

今になって真に迫って来る。

看病があるからといって、仕事を半端にするつもりはない。メイはむしろ、ここぞと本格的に食事の研究を始めた。牛山家の台所の大型冷蔵庫には、体質改善に役立つとされるあらゆる食材をストックし、テーブルには青汁のすり鉢や食品秤、りんご、にんじん、レモンなど生野菜で作る健康ジュースの試作品、食事と健康についての参考書が山と積まれ、さながら研究室だった。何か自信作ができると、内弟子にもせっかちに勧めた。

「これ、あなた食べなさい。身体を温めるから、ほら食べて」

内弟子の早川恵美子は言った。

「メイ先生は、ご主人が病気になっても、ちっともくよくよしないんですね」

「くよくよしたって、病気がよくなるわけじゃないでしょ」

「わかっていても、くよくよしちゃう時はどうすればいいんですか？」

「自分に言い聞かせなさい。昨日のことは昨日のこと。今日のことは今日のこと。明日のことは明日のこと。口に出して自分の耳に聞かせるのよ」

この早川は、高校生の頃「ハリウッド」の雑誌広告を見て、進路相談に訪ねて来たという元気な女の子だった。メイからの最初のアドバイスは、

「自分で決めなさい。私もそうしてきたから」

高校を出る頃には気持ちが固まって、卒業と同時に六本木に転居して来た。料理、掃

除、洗濯、庭の手入れ、すべてここで叩きこまれ、今では家の留守を預かるまでになっている。

「あなた。行ってきますよ。すぐ戻りますからね」

病床の清人に告げて、旅立つメイを、早川が見送った。

「お気をつけて、安心して行ってらして下さいね！」

岡山のホテルでビューティショーが開催されるのだった。

幸せと不幸のわかれ道

全国どこへ行ってもそうだが、「ハリウッド」の化粧品を愛用するさまざまな世代の女性が会場に集まり、メイの話をじかに聞くのを楽しみに待っている。

「みなさん、こんにちは、メイ牛山です！」

ワッと歓声と拍手が上がり、客席に笑顔が満ちる。

「お元気な方たちばかり。朝ごはんをしっかり召し上がって来られたのでしょうね？」

「はーい！」と声が返る。

メイはユーモアたっぷりに、美容と心身の健康について語り始めた。朝食をとることや水を飲むことの大切さ。そして、若さやスタイルの良さイコール美しさではないこと。

「痩せたと言って、喜んでばかりいる女性はおバカさんですよ。バランス良く食事をとって、運動をして、毎日ぐっすり眠ってごらんなさい。おのずと一人ひとりが最も健康的で美しい身体になりますよ。年齢は関係ありません。私だって、まだまだ若い人には負けませんよ！」

清人の病気などおくびにも出さず、メイは聴衆を元気づけ笑顔にした。笑顔が返って来ると、自分も元気になることを知った。

――大変なことが起きた時に、不幸を嘆くだけなのか、それとも新しい経験をしたと思えるか。ここが別れ道なのだわ。

同行していた安部柾恵に、メイは移動の新幹線の中で「これお食べなさい」と大福やみかんをふるまう。岡山出身で早くに母親を亡くした安部は、ちょうどメイのふた回り下の亥年。母のように慕ってくれるのがわかるだけに、こうした束の間は仕事のけじめを解いて接している。

「メイ先生、もう、お顔の火傷は跡形も無くなりましたのね」

「そうそう、きれいに治ったでしょう？　あの時は、大変だったわねえ」

数年前のある夕方のことだった。諏訪から土産に持ち帰った饅頭が冷蔵庫で固くなっていたので、揚げ饅頭に、と思いついたのが間違いだった。高温の油の中で破裂し、台所中に飛び散った。「安部さん、すぐ来て」と電話が入り、駆けつけた安部は愕然とした。メイが顔にひどい火傷を負っていたのだ。

「私のことは後でいいから、社長が帰ってきたとき危なくないように片付けて」

と、メイはまず清人のことを気遣った。患部はすぐ冷やし、病院へは行かずに自分で治してしまった。

「あんな時に自分を後回しにできるなんて、本当にメイ先生は、ハリー社長を大事にしていらっしゃるんですね」

それは、今のメイをねぎらう言葉でもあった。

家族のぬくもり

「お母さん、来ましたよー！」

「おじいちゃん、おばあちゃん、こんにちは！」

応接間が急ににぎやかな声にあふれた。

清人の身体の調子がいいと、誰が言い出すともなく夕食会が開かれる。料理や飲み物、お菓子や果物を持ち寄って、それは自由で楽しいひとときが繰り広げられた。

清人のいとこ（寛人の弟）の潤三と、重二は取締役に、勝利は常務取締役の職に就き、今はメイをしっかりと支えている。

メイと清人の孫のほかに、さらにひ孫も生まれようとしている。大勢の身内の中心で、清人はにこにこと機嫌よく笑った。病気の宣告の前には見られなかったような、穏やかな笑顔だった。以前は「化粧品業界の織田信長」とまで言われた気性の激しさは、だんだんと消えていった。

ちょうどその頃、励ますような報せが入った。新田次郎こと寛人が、六十四歳にして剱岳に挑み、無事、登頂に成功したというのだ。

「いやあ、大変なものでしたよ。脱肛になっちゃうしね。山に登って小説を書くのは、もうこれが最後になるかなあ。しかし、自分の二本の足だけであの山に登って帰って来た、これはやはり、何にも代えがたい自信になりました」

下山してすぐ訪ねて来て、目を輝かせて語るのを、清人は笑顔で聞いていた。七十代と六十代のいとこ同士は、まるで少年の頃のままのようだった。

新田次郎の新作連載「剱岳　点の記」は、翌年の夏にはもう書籍になっていた。『八甲田山死の彷徨』(新潮社)、『聖職の碑《いしぶみ》』(講談社)は、森谷司郎監督で立て続けに映画化され、新田次郎と山岳作品は一大ブームを巻き起こした。映画『八甲田山』で秋吉久美子が演じた山の娘の名は「さわ」といった。この名は清人の母「さわの」から取って寛人が名付けてくれたものだった。若くして亡くなった母が戻って来てくれたようだと、清人は涙ぐんだ。

清人が日に日に元気を取り戻していくようで、メイは自分まで身も心も軽くなっていくのを感じた。

たったひとりで山口から出て来た十八歳のマサコは、今は六本木の邸宅の広々とした部屋に、二十人もの家族に囲まれている。

――だけどね。私はやっぱり、何も変わっていない。花嫁さんごっこの、花嫁の支度をする係が好き。

日本人ならではの美容法

メイは原稿を書き続けていた。

清人のベッドの傍らで。サロンでのちょっとした空き時間に。

日本人女性の肌の悩みにとことん応える本を書かねばと思っていた。戦後サロンを再開してからこのかた、ニキビの悩みが聞かれない日はない。サロンで、講演で、テレビで、できる限りのアドバイスをしてきたが、一人ひとり指導してあげられないもどかしさが残る。本を書くのは最善の手段といえた。

昭和五十一（一九七六）年五月、『3日でかわる信じられない素肌　ニキビをとる奇跡の酵素パック法』（青春出版社）が刊行された。「ニキビは洗顔しすぎたら治りません」

「正しい治療と明るい気持ちはニキビを残しません」……ニキビ対策はもとより、良い食事と健康とが美しい肌づくりに欠かせないこと。今まで勉強し、実践し、効果があった事柄をすべて体系づけて綴った。全国からの反響を知って、メイは自分の考えが日本の女性たちに伝わっていく手ごたえを覚えた。

「日本の植物を、もっと化粧品に生かせないかしら？」

思いつきはすぐ清人に相談する。

「海外に何度か行くうちにわかってきたわね。アメリカやヨーロッパと、日本とは風土が違うということ。アメリカでとても履き心地の良かった靴が、帰国して履いてみたら、全然合わなくて足が痛くなったり。フランスでとっても素敵なスカーフを買ったのに、日本で広げてみると、鮮やかすぎる色合いがピンとこないこともあったわ」

「欧米式の食事が合っていなかったということも、身体がこうして証明してくれたしね」

「その土地の気候や風土に合わせて生活するというのがどんなに大切なことか。美容法もそうあるべきだと思うわ」

三ヵ月の余命宣告以来、欧米式の食生活をいっさいやめ、野菜と良質のたんぱく質を少量という和食に切り替えて、三ヵ月の余命宣告からすでに半年になる。清人は顔色が良くなり、体重も少し増えた。薄紙をはがすようにではあったが確かに回復してきていた。

「海藻が髪に良いのは、昔から言われているでしょう?」

ある日、化粧品研究所の研究員である若林清子に布海苔《ふのり》を差し出して言った。

「昭和のはじめまで、日本の女性はこれで髪を洗っていたのよ。お刺身のツマやおつゆの実にして食べるだけじゃもったいない。布海苔でヘアトリートメントが作れないかしら?」

若林は「また来たか」と身構えた。

メイが奇抜なアイデアを持ちこむのは初めてではない。

一九六〇年代、そんな物がまだ日本の化粧品になかった頃から、「光を反射してきらきら光るアイシャドウが作れないかしら?」とか、「黒いマニキュアがあるといいわね」とか、びっくりするような提案がなされてきた。「売れないだろう」と誰もが思うのだが、不思議なことに数年経って、それらが他社でも当たり前のように商品化された。

「早すぎるんだよ、メイ先生は。十年、二十年は先を行ってる」

「全身美容、今でいうエステティックについては、三十年は早かったわ」

「化粧品の会社で健康食品を作るというのも、聞いたこともない話で、最初は驚いたものだけれど……」

それにしても「布海苔でトリートメント」には、みんな頭を抱えてしまった。布海苔は化粧品原料に使われたためしはない。加工も日持ちさせるのも難しく、似た原料を探すなどして、長い試行錯誤がまた始まった。

試作品ができるとメイは自ら試し、良いと思えばわくわくしながらサロンで供した。商品化には遠くとも、その場だけの特別なサービスは客を喜ばせた。

自作のジュースや青汁をふるまうこともあった。「青臭くてとても飲めないわ」と言われれば、家に帰ってから清人にだけこう言った。

「残念だわ。とっても良いものなのだから、鼻をつまんででも、試しに飲んでくださるとわかってもらえるのに……」

司葉子は昔の「脱毛ワクス」いらい、メイが勧めたものは何でも試す派だ。官僚の相沢英之と結婚し、男の子の母親となって、女優業のかたわら人気番組「3時のあなた」の司会を担当している。

メイもテレビ出演が続いていた。「奥さん、そこがコツです」「テレビ人生読本」。愛嬌のある笑顔と、歯に衣着せないてきぱきとした語り口がお茶の間に受けた。

清人はブラウン管の中のメイを見て、その楽しげな姿が本人の努力で演出されていることを知っていた。ジェニーにもわかっていた。ほんらいメイは、人前で教訓を垂れたり、無機物のテレビカメラに笑ったりできない人のはずだ。

プロの美容家を育てる

メイはよく言う。

「結婚が私の人生を大きく方向づけました」

牛山清人の妻として、「ハリウッド」の象徴として、美容家として、時にはテレビタレントとして、今、自分に何が求められているのか、敏感に察知してすぐ実行する。ここまでの才能の伸び幅は、本人にも結婚当初は想像できないものだった。

テレビ局から戻ればすぐに妻になり母になり、お婆ちゃんにもなる。家族にも、スタッフの一人ひとりにも、笑顔とお土産を忘れなかった。

「メイ先生のような方はいないわね」

美容師たちはしきりにそう言う。官僚夫人や著名人と接してきたからこそ、それがよくわかる。メイ牛山という人は、どれだけ有名になっても、スタッフや学生への接し方がまったく変わらない。後輩やずっと下の学生にも、けっして上からではなく、同じところへ降りて行って話をする。

人格者のように言われるのも筋が違った。メイはただ、雲の上の人になりたくないだけだった。いつまでも学生たちと直に接していたい。それが伝わるので、学生からも「メイ先生、メイ先生」と慕われるのだった。

　ジェニーの夫となり取締役を務めている山中祥弘は、ある日、メイと清人との雑談の中でこんなことを言った。

「大学院にいた頃、よく考えていたんですがね。理論を教えるだけではなく、理論と実践の両方を等価に教える学校が作れたらいいなと。ハリー社長とメイ先生が作ってきた美容学校は、僕が考えていた理想の大学に近いんですよね」

　ハッと気がついた。「ハリウッド美容学校」は、開学から今まで、いわば私塾のようなものだった。専門学校になれば、美容について学びたい若者をさらに幅広く受け入れることができるのではないか。

「そうね！　日本の女性を美しくするプロの美容家を、もっと育てられたら素晴らしいわ」

　メイが言うと、

「なるほど。そうすると、美容師資格を取るためだけでなく、広く美容について学ぶ場にできるわけだな」

　清人が身を乗り出した。ジェニーも目を輝かせた。

「お母さんが提唱している食事の指導、それに、いずれはメイクや服飾の歴史も学べる場になったら素晴らしいわね」

ジェニーと山中の夫婦にはふたりの子どもができ、六本木の邸宅に同居していたので、学校作りのプランは日常会話の中で固められていった。

愛される女の条件

清人はすでに、会社の指揮が執れるほどまで回復している。

「あなた、そろそろ遠出をしてみましょうか？」

昭和二十八（一九五三）年から毎年開いていたゼミナールを、「全国大会」として大々的に開催することになった。初回の昭和五十三（一九七八）年は、熱海のホテルに二泊し、政・財界人や芸能人をゲストに、トークや公演、ビューティショーなどを企画した。参加者に配る色紙に、メイの力強い筆書が記されていた。

『女はいつも楽しく美しく』

この言葉はメイのモットーとなった。

「メイ先生と社長のおふたりは、いつ、どこへ行くのもご一緒なんですね」

「仲のおよろしいことで、本当にうらやましいです」

いつしかふたりは、シルバー世代の理想像になっていた。

仲が良いのは確かだが、そこにメイの気遣いがあることは、家族や身近なスタッフしか知らない。何せ清人はメイの姿が見えなくなると、「お母さんはどうした！　どこへ行った！」と機嫌が悪くなる。メイはいつも先回りし、清人を笑顔で温かく包みこむよう心がけた。

お盆に上諏訪に墓参りに行って驚いた。牛山の菩提寺にはすでに夫婦で入る墓があり、清人はふたり分の戒名までもらってしまっていた。

――まあ。お墓の中でも離さないつもり！　本当にやきもち焼きなんだから。

やきもちを焼く奥さんになるのではなく、夫にやきもちを焼かせる奥さんになる。気がつくと、その通りになっていた。これで「メイ牛山の結婚五箇条」は五箇条とも完遂したわけだ。「うふふ」とメイは墓前で笑った。

「牛山清人社長と、メイ先生とは、車の両輪にたとえることができますね」

ある日のインタビューで、そんなふうに切り出した記者がいた。それは結婚前に咲平おじさんから言われた言葉だった。確かにその通りだった。どちらかひとりでは、ここまで大きな車を走らせて来ることはできなかったろう。

「おふたりこそ新しい時代の、平等な夫婦のあり方を体現なさっていると思うのですが」

記者の質問に、メイはちょっと考えてから答えた。

「男女同権とか、夫婦平等とか言うわね。私はね、それは違うと思うこともあるの。もちろん人間はみんな平等。だけど男と女は違うのよ。違うということをわきまえておけば、小さなことで喧嘩しないですむし、夫婦はうまくいくと思うのよ」

「違いをわきまえる……難しそうですね」

「何も難しいことなんかないわよ」とメイは笑った。

「男の人には外でいい仕事をしてもらって、帰ってきたらうんと労《ねぎら》ってあげること。ゆったりくつろげる環境を作るのが妻の仕事ね。おいしくて身体に良い食事を作って、部屋をきれいにしておく。働いている奥さんはそんなことできないって言うでしょ？　完璧にしようと思うからだめなの。工夫してやろうっていう、その気持ちを持つことが大事なの。男の人って、みんな子どもなのよ。手のひらに乗せてあげればいいの」

唯一無二の夫を持ったメイの言葉は、不思議な説得力があった。

新田次郎の死

ニキビ対策のバイブルとなった『3日でかわる信じられない素肌』は重版に次ぐ重版で、メイには次々に本の執筆依頼が舞いこんだ。

「メイ先生、身体がいくつあっても足りないじゃありませんか」

悲鳴をあげたのは、内弟子の早川恵美子だった。これだけ多忙な日々を送っていて、本を執筆する時間をどうやって作るのか。ましてやメイは七十歳に近づいている。

周囲の心配をよそに、メイは少女のように目を輝かせていた。

「書きたいことは、いっぱいあるわ。共働きが増えてきたでしょう、忙しい奥さんのために、短時間でできるお肌の手入れの方法。受験勉強中のお子さんのための食事の本も必要ね。それに……」

あふれ出るアイデアをいつでも書き留められるように、家の中の至るところにペンとメモ用紙が置かれるようになった。

布海苔の研究はなかなか難航していたが、日本の植物を化粧品に生かせないか……という考えは、「メイス・ナチュラルライン」として完成し、発売された。

そして同じ昭和五十五（一九八〇）年、「ハリウッド高等美容学校」は、東京都の認可を得て専門学校となった。

このころ、六本木の防衛庁（当時）の前に、映画評論家の小森和子が自費を投じてムービーサロンを開き、メイの美容室に通うようになった。司葉子ら大女優が変わらず通い続けるサロンは、今や名実ともに「ハリウッド」の名で全国に知られている。

清人が奇跡的に回復したことには、家族も社員もみな驚嘆していた。余命宣告いらい身近にいた者には、メイが治したとしか思えなかった。そしてやっと、「病気になった時のハリー社長は静かで良かった」などと、軽口を叩いて笑い合えるようになった。

メイはひとつ大きな波を乗り越えたと思っていた。

その矢先、まさか、こんな不幸に出会うとは思ってもいなかった。

「新田次郎（68）急死　心筋梗塞で」

新聞やテレビの方が早かった。

何かの間違いとしか思えなかった。取るものもとりあえず夫婦で駆けつけ、冷たくなった寛人を見ても、まだ信じられずにいた。

「そんな、……どうして君は、……なぜ、こんなに早く……！」

清人が嗚咽《おえつ》をもらしたとたん、メイの目からも涙がこぼれ落ちた。

ていは泣きはらした目で呆然と座っていた。かける言葉も見つからず、メイはただ、手を握るしかなかった。

新田次郎の死は多くのファンに衝撃と悲しみを与えた。その業績について語る者は大勢いたが、清人は口を閉ざし、冥福を祈るばかりだった。

出会った時は、まだ二十一、二歳だったか。

しばらくメイは、青年時代の寛人の言葉を思い出してばかりいた。

「誰でも行って帰れるような山は面白くないんですよ。危険のないところに冒険はない。冒険のないところに感動はない」

彼の死を、冒険の果ての旅になぞらえる気にはならない。ただ寂しかった。

歳を重ねた女性のおしゃれ

七十七歳で余命宣告された日から三年が経ち、病気を克服。八十歳を過ぎて健康を維持している清人のことは、ほうぼうで話題になっていたらしい。フジテレビから出演依頼があり「すこやか人生」でふだんの食生活が紹介されることになった。

朝は起きぬけに青汁、生水。夏みかんなど季節の果物、生野菜、海藻の酢の物とご飯。昼は簡単にご飯や麵類。夜は白身魚かエビ、イカ、貝類などのタンパク質に里芋の煮付け。視聴者からその食事内容をもっとくわしく知りたいと反響があり、メイの新しい課題ができた。食事をはじめ、長寿のため、健康のために必ず役立つ生活習慣の提案。今まで自分で実践してきたことは、きっと人びとの役に立つに違いない。

世はメイから二十年遅れて自然食ブームになりつつあった。「先駆け」と言われるのはちょっと違う。きっかけは、更年期にさしかかった四十代後半の時に、何か人と違う対処法がないかと思っただけだった。試してみると身体に合っていた。仕事に自信が持てるようになったのも、思えばあの転換点からだった。

七十代を前に、メイはまたひとつの転機にある。それは自分自身のファッションだ。ついこの間まで、動きやすい洋服ばかりで、ふと気がつくと、心まで男っぽくなっていることに気がついた。おしゃれなヒールの靴がいよいよ履きにくくなったので、このさい洋服をいっさいやめて着物を着ようと決めた。

もともと和装は好きだった。名が知れ始めた頃、長襦袢のために用意した布の柄が大胆でとても気に入ったので、その布で帯も縫ってしまった。新聞の取材記事に自作として発表すると、「長襦袢は下着。褌《ふんどし》と帯を同じもので作るとは」とさんざん批判を浴びた。着物の世界は古く保守的で、新しいアイデアを受けつけない。

「いいじゃない、きれいなものができたのだから」

批判など意に介さず忘れていたが、これからあの続きをやろうと思った。自分だけの着物を着る。髪は、これも最近よくするお団子ヘア。背が低くどっしりした体型になったので、アップにまとめるとバランスがよいのだ。

おしゃれ心は生活の中で気づかぬうちにマンネリ化し、個性や冒険心をなくしていく。そんななか、年を重ねたことで、また新たなおしゃれの方向が見つかり、メイはわくわくしていた。

はじめての後悔

昭和五十七（一九八二）年が明け、元日の日経新聞に『日本型家族』と題して牛山家七人家族が大きく取り上げられた。写真はテーブルを囲んでジェニーと山中夫妻、その子ども一代と一弘、母テイ、そしてメイと清人。最近では珍しくなった四世代同居の現場から、山中はこうコメントした。

「皆、別居すると自由になれると錯覚するようだが、その逆も多いのではないか」

共働き夫婦が二世代同居することによって、互いに補い合い、私生活を豊かにし、仕事にも専念できる。

「健全な家族とは、あるものではなく、作るもの」と記事は結ばれていた。

こんなふうに一家が新聞に取り上げられたことは本当に晴れがましく、テイはきれいに切り抜いた記事を、何度も何度も読み返していた。

梅雨時に体調を崩した母テイは、その年の七月、眠るように息を引き取った。享年九十三、誰もが大往生と言った。

七十を過ぎるまで、メイはほとんど後悔というものをしたことがない。

後ろを振り返るより前を見て進んで行こう。後輩たちにもそう言い聞かせてきた。

——だけれど、お母さん……。

メイは初めて、ああすればよかった、こうもできたかもしれないのに、という思いに苛まれた。

テイは、神戸に嫁いだメイの姉のところや、防府の親戚のところへ遊びに行くのを何より楽しみにしていた。飛行機は怖いからといつも新幹線。ではグリーン車にと勧めても、「結構よ」と乗ろうとしなかった。たくさんの土産を持って行き、もっとたくさんの荷物を持って帰って来た。大切にされて「フニャフニャになった」と、また割烹着姿になって、山口の田舎料理を作り続け、「高根のおばあさん」の煮豆がおいしいと社員にまで慕われた。土井勝《どいまさる》の料理番組が好きでメモを取っては新しい料理にも挑戦していた。丹精した庭の花や野菜。家族のために縫った洋服の数々。家じゅうで字がいちばん上手だった。

東京で暮らし始め、「幸せだ」と言っていたのは、本心だったろうか。家族のために何かしようと働きづめだった。六十を過ぎて洋裁学校に通いだし、メイや清人の洋服を仕立て直したり、孫に遊び着を縫ってやっていた。孫の授業参観やＰＴＡの会合にまで出てくれた。あまり働くので申し訳なくて、月々にわずかながら給料を渡すようになった。

忙しい娘から高価な着物をプレゼントされるより、一緒にデパートでゆっくり買物でもしたかったのではないか。もっと一緒にいてあげられなかったのか。一緒に何かできなかったのか。思っても取り返しのつかないことを、メイは思い続けた。

黒田清輝《くろだせいき》の絵画「湖畔」の女性に似ていた。美しいだけでなく、柔らかな包容力と、芯の強さ。大人の女性の理想が、母とあの絵に重ね合わされ、メイの心に刻まれている。

渡していた給料は、ほとんど手をつけず、銀行に預金されたままになっていた。

テレビでの活躍

母が亡くなったその年、メイは東京都知事・鈴木俊一（当時）より、学校教育功労賞を、翌年秋には、厚生大臣より環境衛生事業功労賞を受賞した。この受賞は、美容学校のみならず、地方での講演、実技指導により多数の子弟を育ててきた「教育者としての功績」、健康と正しい食生活が美容に不可欠であることを説いてきた「研究者としての功績」、そして、昭和初期からファッション界をリードし、ヘア・メイク中心の美容から全身のトータル美容へと美容業界を発展させた「美容家としての功績」の三点から表彰されたものだった。

さらに昭和五十九（一九八四）年、文部大臣（当時）の認可を受け、ついに待望の学校法人「メイ・ウシヤマ学園」が誕生した。

日本は空前の好景気に向かっていた。

地価が上がり、都心部の再開発や地方のリゾート開発が盛んに行われるようになった。タワーマンションと呼ばれる超高層マンションが建ち始め、千葉の浦安市にオープンした東京ディズニーリゾートは全国から観光客を集めていた。テレビは若手芸人のお笑い番組が大ブームを巻き起こしていた。

六本木の街も変わりつつあった。「シシリア」や「イタリアン・ガーデン」とは趣の違う、新しいタイプの飲食店が続々と建っていく。麻布十番にはディスコ「マハラジャ」が開店。平日でも着飾った若者が繰り出す姿が見られた。

街に活気が溢れることは喜ばしい。テレビ朝日の外にできた人だかりを見ると、メイは好奇心たっぷりに「今日は誰が来るの？」と尋ねる。

「あっ、メイ牛山だ」と注目されることもある。

着物にめがねにお団子ヘア。トレードマークとなったスタイルは、テレビ出演で視聴者に忘れがたい印象を与えることになった。

「人と同じは嫌、私は私」を貫いてきたメイの、これは究極のスタイルだった。

「笑っていいとも！」に出演の際、自作の「リン酸ジュース」をタモリにふるまった。卵の白身とレモン、はちみつで作るこのジュースは、間脳の働きを良くし、頭をすっきりさせる作用がある。仕事や勉強の頭脳疲労、ボケ防止に最適。メイの機関銃のような解説にたじたじとなってみせたタモリだが、放送終了後、「いやあ、本当に良く効きますね。すっきりしました！」と言いに来てくれた。

放送後、サロンに問い合わせの電話が鳴り続けた。メイが自然食に取り組んで二十年以上が経っている。日本はようやく、初めての「自然食ブーム」を迎えていた。

「笑っていいとも！」出演がきっかけで、同じフジテレビの昼のバラエティ・ショー「いただきます」にレギュラー出演が決まった。司会・小堺一機の相手役の「おばさま」のひとり。健康ジュースや簡単な自然食の作り方を紹介すると、たちまち全国のお茶の間に人気となった。

テレビタレントとしての地位を得て、昭和六十（一九八五）年四月の「ハリウッド・スター」誌の表紙は、久しぶりにメイの笑顔の近影だった。

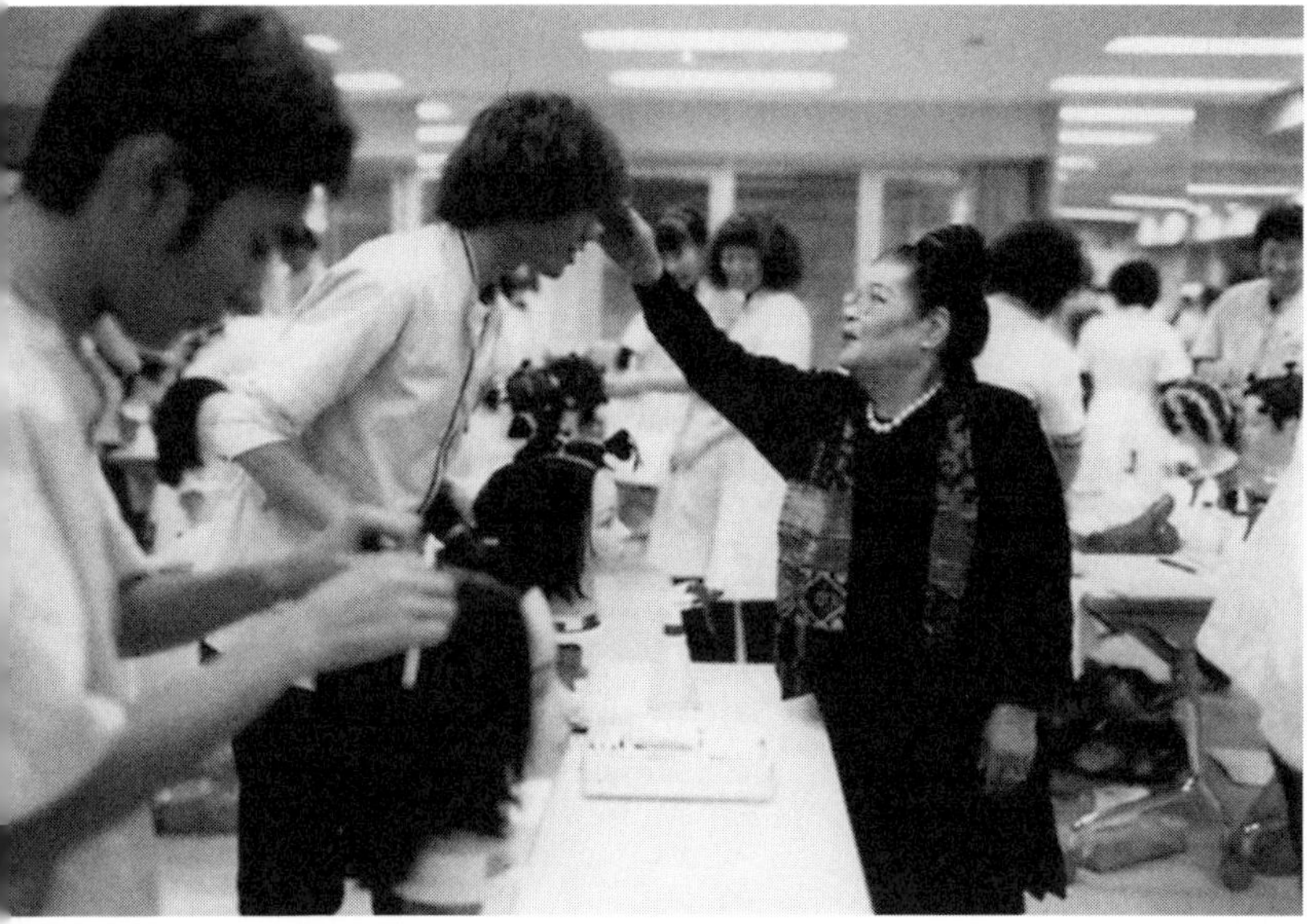

八十歳を超えて
美容学校の生徒たちに
直接指導するメイ

第十章

清人とのわかれ、第二の人生

六本木ヒルズ開発の波

〈六本木六丁目地区再開発構想の概要〉

標記件名は全国朝日放送(株)及び森ビル(株)等が主な地権者である六本木六丁目テレビ朝日旧敷地を中心として再開発を行うもので、(社)全国市街地再開発協会が朝日放送及び森ビルの委託を受け、昨年九月より本年四月の間に委員会形式で再開発構想の作成を行った。……尚、当協会では本年度に港区より当該地区の再開発基本計画の作成を受託することが、ほぼ本決まりとなっており、現在委員会メンバー及びコンサルタントの選定等について港区と調整中である。……

再開発。もう決まったこととして伝えられた。

森ビルとテレビ朝日が周辺に再開発の呼びかけを始めたのは、昭和六十一(一九八六)年十一月。すでにテレビ朝日は赤坂一丁目のアークヒルズに本社の機能を移転している。

六本木六丁目の二万坪近くの指定地区内には五百件もの権利者がおり、中でも「ハリウッド」は二千三百坪あまり、テレビ朝日とその南に広がる日ヶ窪団地に次いで、三番めに敷地を広く持っていた。本社ビルと牛山家の邸宅、庭、すべてが再開発地区に含まれたのだった。

「……ということは、このサロンがなくなってしまうの？」

「メイ先生とハリー社長のお宅も？　この素晴らしいお庭も？」

サロンの客はショックと落胆を隠さず、サロンのスタッフ、社員も、慣れ親しんだこの土地がどうなるのかと不安の声をもらした。

誰よりもメイが現実を重く受け止め、しばし言葉を失っていた。清人は言った。

「会社同士の話ではない。これはお上の決めた再開発なのだから、社長としてＮＯと言うことはあり得ない。あとはどのように参加して、納得していくかだ」

メイは頷いた。清人の口からそう聞かされると、急にさばさばした気持ちになる。

「私たちも新しく、うんと素敵に生まれ変わらなくちゃ」

自社ビルをつくる

あまりにも大規模な六本木再開発計画は、青写真を描いては描き直し、時間をかけて進められていった。森ビルから高層オフィスビルの中に「ハリウッド」を吸収するという案が出されたが、これには迷いなく反対した。

「自社ビルを建てます」

再開発による土地分割がどうなろうとも、「ハリウッド」は独立してビルを建て、会社とサロンを再オープンさせる。揺るぎない決意だった。

六本木六丁目の再開発は「六六（ろくろく）」の通称で開発準備組合が作られ、「ハリウッド株式会社」はその常任理事となった。メイはこう発言した。

「〈六六〉は、人が集まって来るような街づくりをするべきだと思います。現代の日本人は、とかくみんなで協力することが苦手になりましたね。ただ目新しいメガロポリスを建設する、またどこかの店だけが繁盛するだけでは、街づくりをする意味がない。街じたいがメッセージを発信するような、そして、そこに魅力を感じて人びとが集まるような。そんな街づくりを、力を合わせてする必要があります」

メイ牛山の立場からすると、「あそこへ行けば生まれ変われる」と言われるような、美と健康の街が理想だった。

戦後すぐ、美顔と全身美容を始めた頃にはなかった「エステ」「エステティシャン」の言葉は、美容業界のみならず、一般的に知られるものとなった。全国にエステサロンや施術者が増えたということだ。二十一世紀に「ハリウッド」が生まれ変わるのは、至極当然のなりゆきにも思えてくる。

その冬、界隈には風物詩ともなった拍子木《ひょうしぎ》の音が響いた。

カン、カン……。きっかり午後八時半から十一時半まで、一時間置きに鳴らされるので、時報代わりにする人も多いらしい。「ハリウッド」の社員が街の防火・防災に貢献して二十年来の夜回りを続けているのだった。

年明けからNHK大河ドラマ、新田次郎原作「武田信玄」が始まった。

「寛人さんがこれを書いていたのは、もう二十年も前になるかしら」

「そうだね。ちょうど気象庁を辞める前後に、必死に書いていた」

その必死さを、ていから聞いたことがあった。食事中にも急に箸を投げて、「今、信玄公が馬に乗って戦に出て行ってしまった。飯など食っていられるか！」と、書斎に駆け戻ったという。

その熱さ、激しさは、清人もまったく同じだったとメイは思う。どれだけこの夫の怒鳴り声を聞いたことか。出張に行く社員を呼びつけて、その予定を時間割にして述べよと命じ、言えなければ雷を落とした。ただ出張から戻り、成果をきっちりと報告すると、「うむ、ご苦労。何が食べたい？」と昼食に連れて行くのが常だった。

五十年以上連れ添って、夫婦喧嘩は一度もしたことがない。庭にバラが咲くと、毎朝摘んで、サロンの鏡の前に一輪ずつ生けていくのを楽しみにしていた。

清人が病気から回復するにつれ穏やかになっていったのは、自分が毎日作る食事のおかげもあったとメイは思いたい。

平成元（一九八九）年、清人は九十歳の誕生日を迎え、盛大な祝いの席で言った。

「今も毎日、本や新聞を読み、講演原稿を書いているよ。社長はね、どんな社員よりもいちばん勉強しなけりゃならないんだ」

「メイ牛山があれだけのことをやっている以上、遊んでいては申し訳ない。負けずに一生懸命やろうと思って、ここまで来たんですよ」

その夜はふたりでバースデーケーキにナイフを入れ、温かい拍手を浴びた。

そして清人は、カトレアの薄紫色の着物を着たメイに、「きれいだ」と言った。

武士の最期

二年後の九月、清人は自宅のベッドで静かに息を引きとった。

享年九十二。余命宣告されてから実に十五年、最後まで現役の社長として生ききった。

最期の姿はメイの目に、死にゆく老人ではなく、武士のように映っていた。肌身離さず持っていた櫛を使い、髪をていねいに梳いてあげた。

清人の遺志で、通夜、密葬、社葬と香典はいっさい拝辞した。残暑の日差しが厳しい九月七日、青山葬儀所から外の舗道まで、二千五百人もの参列者が並んだ。

メイはしばらく何をするにも力が入らず、家族を心配させてしまった。

「ハリウッド・スター」誌の清人の連載エッセイ「しあわせへの道」の最後の回は「困難が現れたら」と題されている。メイは何度も読み返した。

富士登山の途、急な登りの難所がある。これを越えなければ頂上には立てない。人生も同じで難所はつきものだし、越えていかなければならない。そんな時は、問題から心を放ち、ちょっと離れて客観視することが肝心――という内容だった。

「メイ先生、そろそろ、髪とお肌のお手入れを」

安部柾恵から声をかけられ、「そうね」と立ち上がった。もう何年も手入れは彼女に任せている。温かく柔らかい、良い手の持ち主で、新田次郎の息子で数学者になった藤原正彦の結婚式でも新婦・美子《よしこ》の支度を担当した。メイ監修の女性誌のページを、ユーコ牛山とともに担当したこともある。

「安部さん、あなたも長いわね。いつからうちにいるのだったかしら」

シャンプー台で目を閉じて、メイは聞いた。

「霞町の美容学校に入ったのが昭和三十五、六年でした」

「いろいろ辛いことがあったでしょうに、頑張ったわね」

「弱気になったことはあります。続けていく自信もないし、家庭に入ってしまおうかと。でも、この仕事がまっとうできなかったら、主婦業だって満足にはできまいと、自分に言い聞かせていました」

「そういう気持ちが、あなたをプロにしたのね」

「とんでもないことです、まだプロだなんて」と、三十年のキャリアの安部は一瞬だけ手を止めた。「まだまだ、どうしたらお客様に喜んでいただけるか考えているだけです」

それを常に考え、実行できるのがプロだとメイは思う。

「お客様から教えられることは多かったわね」

「本当に。一流のお客様が、私たちを育ててくださいました」

昨年五月末に亡くなった大平志げ子の話になった。故・大平正芳元総理の夫人。サロンに入ってから席に着くまでのわずかな間に、額のかけ方、花の生け方、従業員の礼儀作法まで指導してくれる、サロンの〝教育係〟だった。「ただ飾れば良いというわけじゃないのよ。物にはそれぞれいちばんふさわしい場所があるの」と、少し花瓶の位置を直しただけで驚くほど見栄えがした。首相夫人ともなると一日のうちに祝儀不祝儀が重なる日もあるが、急ぎながらも髪と肌の手入れは怠らなかった。

メイは思う。

「年を重ねて落ち着いた美しさに磨きがかかる人もいれば、しぼんでしまう人も多いわね。かつての美しさを脱ぎ捨ててしまうような……」

昭和初期から最先端の女優やモデルを見てきた。その世代の人々が老境にさしかかり、すでに鬼籍に入った人もいる。

昨年、昭和初期の女優、志賀暁子《しがあきこ》の訃報が新聞に載った。引退してからは、サロンを訪れることもなくなった。若い頃の美しさは今も目に浮かぶ。モスグリーンの服、透き通るような肌と涼しげな目元。どんな八十歳になっていたことだろう。

一般家庭の奥さんにも、年配になって手入れを怠らない人がいる。「いじわる婆さんになりたくないから、私、ここへ来てきれいにしていただいているのよ」と。

「年をとればとるほど、身だしなみに気をつけなければならない。見た目がきれいだと、人に対しても優しい気持ちでいられる——あのお客様はそう言いたかったのね」

大事なことを教わった、とメイは思う。

——昔は人生五十年、女は二十歳頃の娘さんがいちばん美しいとされていたけれど、今は五十歳が人生の真ん中。内面からも外面からも輝く時だわ。これからの私の最大の仕事、それは、年を重ねていく女性をもっと楽しく、もっと美しくしていくこと。

清人がいなくなったからといって、へこたれている暇はない。

手入れを終えたメイは、「サイドの髪の流れがちょっと違うのよ」と安部に注文をつけた。鏡の中には張り切った顔の、八十歳のメイ牛山がいた。

お気に入りの指輪をつけなさい

まだ目はくっきり見えている。耳もよく聞こえる。繊細な手の感覚も健在だった。

「メイ先生、今夜はお食事どうなさいますか？」

お手伝いさんに聞かれ、

「いいわ、私がやるわ」

パッと台所へ行き、大ぶりな指輪を外して手を洗った。深紅のマニキュアを施した手が、水を弾いてきらきらと輝く。

年を重ねた手には赤いマニキュアがいいとメイは思う。

「メイ先生は、いつもマニキュアと指輪をしていらっしゃるんですねぇ」

お手伝いさんに感心される。

「指輪をつけていると、手をいつもきれいにしている習慣がつくの。何もつけないことに慣れちゃうと、手を大事にすることも忘れちゃうのよ」

まだ四十代のお手伝いさんが、何もしていない自分の手を見てため息をついた。

「面倒くさがっていちゃ、ダメなんですねぇ」

「そうよ。あなたもお気に入りの指輪をつけなさい」

こんな話をした夜、メイは宝石箱をそっと開け、指輪のコレクションを眺めた。

パリやロサンゼルスの宝石店で買った高価なものから、自分でデザインした世界にひとつの品まで、さまざまな指輪が収められている。一つひとつに大切な思い出がある。

——この指輪は、あの時、頑張って仕事をした記念。

大きな仕事をやりとげると、自分へのご褒美として指輪を買っていた。それらのきらめきが、メイに改めて勇気を与えてくれるようだった。

これからが第二の人生、毎日を生き生きと生きること。それが清人への、何よりの供養になるはずだ。

清人がいた頃と同じように、メイは毎朝四時に目を覚ました。目覚まし時計を使ったことは一度もない。ラジオを聴きながら五時にベッドを出てすぐに青汁を一杯。体操をして八時に朝食をとる。九時にはサロンに出て、美容学校、会社と行き来する。できることは何でも自分でした。特別な訓練をしなくとも、こうして日常生活を送ることが、自分には必要な運動だと思っていた。

昼食はごく軽く。そして夕食は六時までに済ませる。夜十～十一時には胃を空にして布団に入り、ぐっすり眠る。大切なのは生活のリズム、そして人と関わり、感性を鈍らせないこと。

お金を持つより大事なこと

「ママ、歌舞伎ご一緒しません？」

勝利の嫁・雅子に誘われるとメイは喜んで時間を作って出かけた。名前が同じマサコ、そして同じ「九紫火星《きゅうしかせい》」。勝利との結婚当初から、嫁姑の関係を超えて不思議と気が合っている。歌舞伎はいつも角席の最前列近くに陣取った。

「今日の（中村）芝翫《しかん》は心憎い演技だったわねえ、それに前掛けの赤の鮮やかだったこと！　最新のファッションに生かせそうね。フランスのデザイナーに見せたいくらいねえ」

芝居がはねると車に乗って、メイはうっとりと余韻にひたった。

「ママ、今度は文楽に行きましょうか」

「いいわね、吉田玉男さん、素敵だと思っていたの」

帰りに食事をして、デパートの呉服売り場に寄ると、メイは迷いもせずパッパッと買物をした。衝動買いではない。むしろ逆で、常日頃から買いたいものをイメージしているから早いのだ。

「あなた、これ似合うわ。買ってあげる」と先走ることもある。

「こんな派手なの、私は着ないわ」と雅子はにべもない。

「そう？　いつもシックなんだから、たまにはこんなの着るといいのに」と、ブツブツ言いながらも、メイはそんなはっきりした物言いの嫁が好きだった。

その日の買物の支払いは、まっさらな新札で済ませた。いい買物ができた時、店員に感謝の意を表したい時、お世話になった時などのために、新札を入れた財布は必ず持ち歩いている。若い頃に苦労した分、お金を大切にしなければと常に思い続けてきた。原点には、東京に出る時に母が持たせてくれた一円札、紙入れにきちんと納められていた五枚の新札の思い出があった。

――そうそう、あのお金で、初めての洋服を銀座で仕立てたのだったわ。

ふと微笑むメイを、雅子がクールな面持ちで見ていた。

「ママって本当に、たくさん稼いでたくさん使う人ねえ」

「最近、貯金をするようになったのよ。老後のために」

「えっ、今までしていなかったの？」

「もしもの時に迷惑をかけないだけの分は取ってあったけれど。それ全部、相続税で取られちゃったの。みーんな、なくなっちゃった」

「まあ、そうだったの？　ひどい話。大丈夫？」

「大丈夫、大丈夫。また働いて貯めればいいんだから。健康が何よりの財産よ。お金を持つより、働く楽しさを知っている方が、ずっと大事！」

強がりではなく、メイは本気でそう思っていた。

清人の亡き後も、家族たちが力を合わせてくれているのがわかっていた。今は清人と先妻の間の長男である精一が社長に、勝利が副社長となって会社を支えている。精一の息子である直人は、大手印刷会社の営業職を経て「ハリウッド」に入社してくれた。商品企画開発に力を注いでくれている。勝利の長男、大輔は大学を出て渡米し、ニューヨークで環境デザインを学んでいる。異国の地に暮らす孫へ、手紙ではまどろっこしいので、メイは雅子にファクシミリの使い方を教わった。切れ長の目でキリッとした面立ちの大輔に「ニューヨークのキツネへ」と送ると、「六本木のタヌキへ」と返って来る。この孫のユーモアのセンスが面白く、メイは再開発と自社ビルの新築に向けて力になってもらえないかと考え始めていた。

創始者・牛山清人という大きな存在をなくした今、メイは美容家としてだけでなく、経営者として表に立つ決意をしている。

――私が、メイ牛山が「ハリウッド」グループを引っ張っていかなければ。

信頼のおける役員たちの顔を一人ひとり思い浮かべる。

その中に、昭和三十二（一九五七）年に入社した清水善文《しみずよしふみ》がいた。

清人亡き後の大きな決断

平成七（一九九五）年一月十七日の早朝、淡路島から阪神間を震度7の激震が襲った。関西出張に出ていた常務の清水善文は、激しい揺れをもろに経験し、東京に戻ってからその恐怖をメイに報告した。

「支社や販売店の人たちの無事を確かめようにも、電話は通じないし、道は寸断されて車は走れない。全壊したビル、瓦礫、火災……この世の終わりのようでした」

関係者は幸い無事だったが、テレビに映る被害のひどさにメイも言葉を失った。

その年、調布の工場長に就任した清水は、築三十三年の工場の老朽化に唖然《あぜん》となった。

「阪神・淡路クラスの地震がもし起きたら、全壊はまぬがれませんよ。操業ストップどころか、従業員の生命を危険にさらすことになる」

建て替えを強く主張する清水に、賛成する幹部は少数だった。ただでさえ六本木再開発でせわしない。清人が亡くなった年にバブル崩壊が訪れ、売り上げも停滞する中、工場建設という巨費を要するプロジェクトに及び腰になるのも無理はなかった。しかし、神戸を見て来た清水は主張を曲げない。ともかく今できることをと、工場の従業員総出で大掃除、大整理を始めた。

役員会での喫緊《きっきん》の課題は、営業利益の伸び悩みをどうしていくかだった。工場建設など遠くにかすみ、侃侃諤諤《かんかんがくがく》の会議のうちに今にも消えてしまいそうに思われた。

会議をじっと聞いていたメイが、とつぜん立ち上がって言った。

「うちは、化粧品メーカーです」

水を打ったようにしんとなった。

誰よりも清水が椅子から転げ落ちそうになり、驚愕してメイを見つめた。

メイのひと言は、「ハリウッド」創設の頃から掲げてきた理想と目標を言いきっていた。一流の化粧品を作り、一流のサロンを作り、一流の施術ができる美容スタッフを育てる。おおもとにあるのは、ただひたすらよいものを作り続けるという、化粧品メーカーとしての矜持《きょうじ》だった。

再開発の大きなうねりとは別に、こうして「ハリウッド」は新たな工場建設への舵を切ることになった。田園地帯だった調布の工場周辺も、三十年以上を経た今は宅地開発が進んでいる。遠からず工場移転は必至だったろう。

清水は全力をあげて工場建設候補地を探し始めた。

若い世代に伝えたいこと

メイは停滞する会社の状況を知りつつ、書籍の執筆、テレビ出演、新聞・雑誌の取材をこなしていった。八十を過ぎて第一線で活躍している美容家「メイ牛山」は、これまで以上にメディアに取り上げられるようになっていた。

平成九（一九九七）年は、若い女性に向けてのメッセージをつづった『幸福の計画　幸せを実現させるための分析と方法』（主婦と生活社）を出版。本を出すたびに取材を受け、地方講演に招かれる。

「メイ先生のエネルギーがほしいので」と、どこへ行っても握手を求められる。握手には限界があるからまた本を書く。

「日本人の二十代から四十代の女の人たちが、何だか元気がないように見えるのね。やりたいことは諦めているみたいな。そういう人たちのお役に立てればうれしいの」

女性たちがくすんで見えることが何より問題だった。ふとした拍子に、あの暗い戦争の時代を思い起こす。

ほがらかで大らかな語り口の中に、メイの言葉は鋭さを増していった。

「三高って言うでしょう、身長と学歴と収入？　そんな心の貧しいこと。どんなに物が豊富にあっても、心が満たされない女性は枯れるわよ。愛を知らない人は、男でも女でもみんな半端者。打算でする結婚は、人生一番の不幸ね」

「レールに乗ったら幸せになれるような時代は終わったの。三十歳までは女も猛烈に勉強すること。社会の中で自分を磨くための、生きた勉強よ。受け身じゃだめ。そのあと、三十歳からうんと働く。三十までに学んだものを磨いて、質的な向上をはかる。六十歳までは人生でいちばん健康で脂の乗った時期ね」

「それにしても、最近の若い人は働かないわね。日本は資源がない国なのだから、みんなが働かなきゃだめよ」

　学生たちにも言った。

「いつも大変だ、疲れた、と言う人は、本当は大した努力をしていない人よ。仕事が嫌いだったり目標を持てない人は、努力する楽しみを知らないの。だから、これならできるというものに集中して、徹底的に研究してごらんなさい。そうすれば人間、中から輝きが出てくるものなのよ」

　そんなふうに力説していると、メイの指から大きな指輪の石がころんと落ちて、慌てて学生に拾ってもらったりした。「メイ先生、かわいい!」と声が上がると、失礼なと眉をひそめるスタッフもいたが、本人は喜んで笑顔を返した。

「いいじゃない、かわいいっていうのは、今の人にはいちばんの褒め言葉でしょ?」

　メイは、学生たちに気さくに声をかけ、売れっ子アイドルの話で盛り上がった。

恋をなさい

一方で、清人の故郷、諏訪の不動まつりに参加した際も、力強く発言した。

「六本木の家の周りには、故人が遺したものがたくさんあります。けれど、国が再開発をするなら従わざるをえません。これからも六本木を大切にしていく、これは日本のすべてを大切にしていくことに通じると思っています」

家族と身近なスタッフは、メイが清人の役目を果たす努力をしていることを感じ取っていた。

平成十（一九九八）年、再開発計画はようやくめどが立ち、「再開発組合」が設立された。「ハリウッド」は本社を六本木駅直通の東京日産ビルに移転し、さらに翌年、同ビル二階に「ハリウッドビューティサロン仮店舗」をオープンした。

ちょうど八十八歳の米寿を迎え、雑誌などの取材では、今までのサロンがなくなることについて感慨を求められた。

聞き手の予想に反して、メイは新しく生まれる街に期待の言葉を述べた。住み慣れた邸宅への未練ではなく、仮住まいの鳥居坂のマンションが豪華で便利なこと、そして、完成のあかつきには入居することになる「六本木ヒルズレジデンス」について。

「六本木の、焼け野原からここまでの発展をずうっと見てきたんだもの。その街を、今度は高いところから見おろして暮らすのもいいじゃない？」

「八十八年の人生って言ったって、私、ついこの間生まれてきたような気がするの。まだ、少女のような気分だもの」

眼鏡の奥で、目をきらきらさせた。

じっさい楽しみが増えていた。文楽の吉田玉男の大ファンになり、新しい演目がかかると初日、中日、千秋楽と三回は必ず行くようになった。出かける日になると、着物はどれにしようこれにしようと悩み、安部柾恵に相談しながら着付けてもらい、髪を整える。劇場には花や心づくしの差し入れをし、時には楽屋に招かれてドキドキしながら吉田玉男とおしゃべりをした。

「文楽のお人形の手の動きはとても細やかで、本物の女性以上に女らしいのですね」

メイが言うと、人間国宝の吉田玉男は相好を崩してうなずいた。

「ちょっとした首のかしげ方でも表情が変わって見えますでしょう？　本物の人間以上に男は男性らしく、女は女性らしい仕草を心がけているのです」

「手の所作が美しいと、女性はよりきれいに、優雅に見えるものですから、私もずっと、手を大切にと女性たちに言っているんですよ」

「ほう、なるほど。メイ先生の手はおきれいですねえ」

メイは頬を染めた。その頬にも、手にも、シミひとつない。大切な手はいつも手入れを怠らずにいる。憧れの人にそこをほめられ、こんなにうれしいことはない。水仕事でどんなに手を酷使しても、メイはクリームをていねいに塗り、赤い手袋をして寝るようになった。二十歳を過ぎた孫娘の櫻子を連れて行くと、吉田玉男が櫻子をあまりにかわいがるので、本気で焼きもちを焼く。

恋する乙女のようなそんな姿が、家族やサロンに来る客たち、社員たちをも明るい気持ちにさせた。

「恋をなさい」

メイは周囲の女性たちに言う。

五十代、六十代ともなると、「そんな、今さら」と苦笑する人が多いが、自分よりずっと年上のメイが真剣に言うのを聞き、考えを改める女性も多かった。女性が美しくあるために、ときめきがいかに大切か。そのことに年齢など関係ないと、メイは自ら証明しているのだった。

二十代、三十代の女性が仕事の場にいると、よくこう聞いた。

「あなた、結婚はしてるの？　子どもは？」

「結婚はまだです。相手がいませんし、仕事が忙しくて」

そんな答えが返ってくることが多い。

「一度は結婚して、自分の家族を作ってごらんなさい。女性としてもっと人生が充実して、それを仕事に活かしていくことができるのよ」

「でもメイ先生、女は子育てで、仕事ができなくなってしまいます」

「そうね。子どもが生まれて三年、しっかりと子育てをするべきね。私は仕事優先で、専念はできなかった。そのことはとても後悔しているのよ。子育ては貴重な体験、専念しない手はないと今は思っているの。三年やって、仕事に復帰すればいいのよ。それだけのやる気と能力を身につけておけば、必ず三年経って復帰できるわ」

そんなことは無理だと決めつけていた女性たちも、メイの笑顔に励まされる思いがするのだった。

ひっそり抱えていた思い

文楽がきっかけで、メイは本物の親友に出会うこともできた。

妣田圭子《ひだけいこ》。草木染めの手すきの和紙を台紙に貼って描く「草絵」画家で、その作風にひと目惚れしたメイは、すぐに大きな作品を購入した。話してみると、趣味、美学、創造にかける意欲、どこを取っても自分と似ている。年はメイが一歳だけ上。九十歳目前にして、できた親友だった。

山梨の塩山によく妣田圭子を訪ねた。運転手に移動を任せ、甲州街道から眺める山々にはまた新しい発見があった。

「傾斜したぶどう畑は日光をよく取りこめるから、グリコーゲンが多くなるわけね」

到着すると、まず圭子に発見を話す。すると圭子も、

「甲州のぶどうが美味しいのは、条件が整っているから。土地の神様の恵みよ」

「季節には毎日食べるといいわね。中年を過ぎた人は特に。むくみやだるさが取れるのよ」

時間を忘れて語り合った。ふたりがともに愛しているのはこの国の自然、ともに憂えているのは、それが汚されていくことだった。

帰路、メイは車中から、安全地帯に健気に生えている雑草を見つめた。

そうしてふと、こんなことをつぶやいた。

「ずっと、片思いだったのかしらねぇ……」

同乗している秘書の成田純子が、さりげなく耳を留めた。

「私はねえ、ずっと、ずっと、牛山清人という人を愛して、一生懸命に尽くしてきたわ。だけど、私は愛されていたのかしらねえ。ずっと私の片思いだった気がするわね……」

「そんな……」と成田は否定した。

「メイ先生ほど尽くした奥さんを、愛さないはずがないです。清人社長はメイ先生にぞっ

こんでした。私たち社員、みんなそう思っています」

メイは微笑み、それ以上言わなかった。

誰に言っても否定されるのはわかっていたが、拭《ぬぐ》えない思いをひっそり抱えていた。結婚いらい、ずっとだった。

――牛山清人という人の良き伴侶であろうと、最大限の努力をしてきたわ。やるだけのことはやった。パートナーとして優秀だったのは確かでしょう。だけれど、私は、女としてあの人に愛されていたのかしら……。

新工場落成

工場移転を提案した清水善文は、その後、副社長となって改革に乗り出していた。売上優先から利益確保へ。社員を大切にするという会社理念の原点に立ち返り、給与体系などの大改革が行われた。

平成十二（二〇〇〇）年、メイの決断から五年という早さで「ハリウッド多摩研究所・工場」が竣工した。場所は川崎市が開発した黒川の通称「マイコンシティ」。電子産業の工場が建ち並ぶエリアで、アスキー株式会社のソフトウェア開発施設を買い取って作られた。

ほかにも候補地はあったが、視察したメイがこの土地を気に入った。飲食店などの商業施設がないため、空気と水が奇跡的にきれいで、川には蛍やドジョウも住んでいるという。

化粧品工場ということで、周辺企業からは川の汚染を懸念された。清水たちは、空気も水もけっして汚さないことを実証し、ていねいな説明を重ねてきた。

明るく、広く、清潔な工場ができて、従業員は旧工場の老朽化を改めて認識した。これからはここで、研究・開発から生産、発送まで、一貫したスムーズな体制で行われる。ここで働けるということに、みんなが目を輝かせていた。

竣工パーティの席を立ち、清水は屋上から緑の丘が広がる黒川の風景を眺めていた。

「ご苦労さま」と、メイが声をかけた。

「メイ先生……。あの時は、よくぞ言ってくださいました」

涙ぐむ清水に、メイは「うふふ」と微笑んだ。

「私ね、お金儲けには縁がないけれど、人儲けはずいぶんしたと思っているの。この業界では奇跡と言われるくらい、みんな長く働いてくれているでしょう？　あなたも四十年以上になるわね。ありがとう」

もう涙をこらえきれず、清水は嗚咽をもらした。

「ありがとうございます……！　メイ先生、ありがとうございます！」

男泣きに泣く清水の肩を、メイは優しく抱いた。

澄んだ空を見上げると、清人が「よくやった」と微笑んでいるような気がした。いや、実際にその笑顔が、メイの目には、白い雲の縁に輝いて見えた。

――あなた、これでよかったんですね。

新工場建設については、まったく清人になり代わって決断、指示したと、われながら思う。工場の正面入口には、かつてメイの大切な庭にあった石灯籠が運ばれ、シンボルのように据えられていた。

女として愛されたかどうかなど、もう考えまい――メイは思った。

秋篠宮様へのアドバイス

その翌年、九十歳になったメイは、勲五等瑞宝章《くんごとうずいほうしょう》の叙勲を受けた。

ジェニーの付き添いで訪れた赤坂御苑の秋の園遊会で、天皇・皇后両陛下からねぎらいの言葉を頂くことになった。

常陸宮妃《ひたちのみやひ》からは、読売新聞に連載されていたコラム「時代を開いた女性たち」を「読みましたよ」と気さくに声をかけられた。

「お母さん、秋篠宮《あきしののみや》様と熱心に何を話していたの?」

後からジェニーが聞いた。

「ああ、あれはね、宮様が海外へ行くと髪がボサボサになるっておっしゃるから、風土の違うところでは、洗い方も整髪料も替えなければならないと、私が経験で得たことを申し上げていたのよ。あなたも何か、美智子様からお声をかけていただいたわね。何て？」

「お母様の仕事を継がれるのですかって。……私、ちゃんと答えられなかったわ」

「そうだったの。まあ、いいじゃない」

父親似のジェニーは学究肌で、美容やファッションの歴史、健康食の研究を続けている。

「あなたは、あなたのやりたいことを一生懸命にやっていきなさい。山中さんと、しっかり協力し合ってね」

美容学校は「カネボウ総合美容学校」と合併し、「学校法人　メイ・ウシヤマ学園」となっていた。「カネボウ～」の前身は、清人の弟、吉次郎と喜久子の夫妻が設立した美容学校で、奇しくも兄弟が没後に再会するような形となった。

また清人が生前に自らの持ち株を寄付する形でできた「ハリー・ウシヤマ奨学金」は、「ハリウッド」のみならず、ほかの美容学校で学ぶ者も対象に、美容学校で国の認可を得た初めての奨学金制度だった。

「理想の学校を作りたい」と言った山中祥弘は、清人の後継者として理事長に就任し、十年になる。今は広く海外からも学生を迎え、また優秀な美容師やエステティシャンを輩出し各国に旅立たせている。

その年、アメリカで同時多発テロが起きた。ニューヨークにいた孫の大輔は、それもきっかけとなって帰国の意思を固め、新しい「ハリウッド」を手伝ってくれることになった。

混沌の二十一世紀の始まり。テロ以降そんなことが言われている。戦争という過ちを反省し、二度と繰り返さず、未来は輝くばかりではなかったのか。

——私はまだまだ、女性をきれいにしなければならないわ。見た目だけでなく、内面を豊かにしたい。女性が美しく、心豊かな国は、本当の意味で豊かな国。その国は、絶対に戦争をしないでしょう。

「さあ、まだまだ、やりたいことがたくさんあるわ!」

秋晴れの空を見上げて、メイは考えていた。

働く女性を癒すサロンをつくる

平成十五(二〇〇三)年、実に十七年の歳月をかけて、六本木六丁目再開発は完了した。

「ハリウッド」グループは従来のおよそ六倍の面積を得て「ハリウッドビューティプラザ」として生まれ変わった。桜色のビルは地下三階、地上十二階建て、その館内に会社と美容学校をすべて収め、五階には千二百人収容のホールが作られた。ビルと地下鉄、またビルと六本木ヒルズを結ぶ中継ポイントともいうべきメトロハット三階に、「ハリウッド・メイスガーデンスパ」として新たにサロンが誕生した。スパを開設し、サロン名としたのには、メイのこんな願いがこめられていた。

新しい時代、新しい街に生き生きと暮らし、働く女性たちの、リラクゼーションの場となってほしい。再開発の渦中にも、ずっとそう考えていたのだった。

六本木ヒルズ建設前の自然豊かなメイの庭

メトロハットの吹き抜けには赤い心柱が二本。建設の段階では口紅をイメージしていたが、出来上がってみるとまるで鳥居のようで、メイは喜んだ。赤の色は、愛用しているストールを色見本にしてもらった。

自社ビルのバルコニーに立ち、テレビ朝日の新社屋に向かうと、左側に東京タワー、眼下には毛利庭園が広がっている。

故郷、山口の防府にも毛利氏庭園があったことを思うと、偶然とは思えない、不思議な縁だった。

「ハリウッドビューティプラザ」前庭は、ローズ・ガーデンとして様々な品種を集めたバラ園となった。かつてこの地にあった、美しく自然豊かな奇跡のようなメイの庭が、ここに、可憐な名残をとどめた。

ローズ・ガーデンにはさまざまな音楽家が招かれ、歌や楽器演奏を披露するようになった。もちろんマイク眞木は、ギターを手に「バラが咲いた」を歌った。

ドイツのアーティスト、イザ・ゲンツケンの手になる巨大なバラが一輪、愛と美のシンボルとして、凜とそびえ立った。

九十代になっても
きちんとしたヘア・メイク
深紅のマニキュアを施し
背筋をピンと伸ばし
お客様をサロンに迎えた

第十一章
女はいつも楽しく美しく

長寿は芸術

平成十九（二〇〇七）年。この一月、九十六歳になる。

メイは六本木ヒルズレジデンスの自室で筆を執っていた。

「書き初めですか？」と内弟子の早川恵美子が聞く。

「ううん。社員に訓示を書くのよ」

墨を磨《す》り、筆をおろすと、一気に書き上げた。
一、前向きで仕事をする
二、明るく本気で相手に入りこむ
三、自分がお手本になる　よく手入れをし個性的であること
四、相手に豊かさをあげる
五、美容関係にたづさわる者は技術が上手でないとだめ
六、技術者は健康で生き生きしてゐること
七、時代に敏感であること
八、時間を無駄にしないこと
九、歳をとっても若々しくゐられる心をもつこと

十、出来るだけ生活を正しくする　食事時間、寝る時間、働く時間
ちょっと難しかったかしら……とつぶやいて、末尾にこう書き足した。

「この中でひとつでも出来たら貴女は成功者と言えるでしょう　メイ牛山」

メイは今もほぼ毎日サロンに出て、カウンターの脇に置いたライティング・デスクに着いて接客をしていた。杖はつくようになったが、自分の足でしっかり歩いている。もっとも料理や掃除、洗濯は、内弟子の恵美子やお手伝いさんを頼っているが、頭は実にはっきりしたままだった。

「長生きするって、いいわねぇ」

メイはこのところ、色紙を頼まれると「長寿は芸術」と書くようになっていた。

「世界のパワフル・ウーマン100人」に選ばれる

昨年の暮れ、「ヴォーグニッポン」誌が選ぶ「世界のパワフル・ウーマン100人」のひとりに選ばれた。何の予告もなく掲載されたので驚いた。イギリスのサッチャー元首相や女優のマレーネ・ディートリッヒ、グレタ・ガルボ、日本人では白洲正子、与謝野晶子らと並び、パワフルに生きる世界の女性百人のひとりに、メイ牛山は選ばれたのだった。

これをきっかけに、また取材依頼が相次いだ。訪れた記者はみな、若々しくはつらつと

頭の回転が速いメイに驚嘆した。

「ええ、この年になって、どこも痛いところがないし、病院にも行かない、薬も飲んでいませんよ。とてもありがたいことね。いつも感謝の気持ちを持っているわ。この先も世の中に何か恩返しができれば、これ以上のことはないと思っているの」

「メイ先生の若さの秘訣は何でしょうか？」

「野次馬根性かしら？」といたずらっぽく笑う。

「長生きしたおかげでね、私は陸蒸気から新幹線まで乗ったわ。船旅で、いちばん華やかだった頃のハリウッドへも行ったわ。何でも本物を自分の目で見てきたということね」

「しかし、年をとると好奇心を持つのも難しくなります」

「人間、欲が深いから、何でもかんでも取りこみたいと思うわね。それができないと焦ったりして。そうじゃなくて、〝出す〟方が大事なのよ。私はね、五十年も前からずうっと言ってるの。肌や身体の老廃物と同じように、心の中にわだかまる余計なものも、なるべく自分の力で排泄するの。心がいつもカラッとしていることは、とても大切なのよ」

「とはいえ、女性は年をとると、どうしても〝もうだめ、どうせ何をしたってきれいにならないから〟と諦めがちになってしまいますね？」

「その諦めは、いちばんいけないことね。汚いおばあちゃんになってしまいますよ。逆に若造りもいけませんね。五十代には五十代の、八十代には八十代の美しさがあるの。私はいつも小ぎれいにしていることが大事だと思っているの。いくつになっても女を忘れないこと。女はおしゃれをしなければいけないですよ。きれいにしておけば、自分も楽しいし、人様にもいい感じを与えますからね。おしゃれ。これが私の元気の素なのよ」

年をとると足がつっかえて転びやすくなるが、メイはそれを足のせいではなく、頭がゆるんでくるせいだと考えていた。

「頭は地球と同じ、いつもぐるぐる回しておくことよ。年をとったら特にね、回すことを忘れないように！」

九十五歳で訪れた親子の時間

平成十八（二〇〇六）年一月二十五日、六本木ヒルズ内自社ビルの５Ｆハリウッドホールで盛大なパーティが開かれた。メイの九十五歳の誕生日と、「ハリウッド」グループ八十周年記念の「お祝いの会」。大勢の大切な客を招いた。今は健康食のエキスパートとなったジェニーが、料理長と綿密な打ち合わせをし、豪華でしかも健康志向の高いメニューを考えた。

九十五歳になったメイは大勢の来賓の前で、立ったまま二十分もの感謝の言葉を述べた。

「おかげさまで、美容家生活七十五年となりました。そしてこの五十年、病気らしい病気もしませんで、元気に仕事をしてまいりました。朝四時に起きて、体操をして、ベランダのスズメに餌をね。そう、この六本木のマンションのベランダにも、スズメが二十羽も来るんですよ。それも毎朝決まって七時半。ね、自然て素晴らしいですね。人間も自然物ですからね。私も決まった時間に朝食をいただきますよ。生野菜をたくさん。それに、朝はでんぷん質をとると良いので、ご飯は欠かせません。みなさん、朝食、ちゃんと召し上がってらっしゃいますか?」

時にユーモアを交えて語るメイは、昔と何も変わらず、聞く者を惹きつけた。

そのパーティから間もなくのことだった。

ある朝、息子の勝利が明るい声でメイのレジデンスを訪れた。

「おはようございます! お母さん、日野原重明《ひのはらしげあき》先生が来てくださいますよ!」

「まあ、本当?」

聖路加国際病院の日野原重明理事長は同じ山口県出身、生まれ年も同じで今年九十五歳。そしておたがいに現役。「ハリウッド」の恩人、ポール・ラッシュ師は、かつて聖路加国際病院の建設にさいして募金活動を行った人でもあり、晩年は同院で療養生活を送った。そんな縁からも、メイはいつか日野原医師に会ってじっくり話してみたいと思っていた。

「日野原先生もお母さんと同じに好奇心旺盛で、〝九十五歳を過ぎたら新しいことを〟とおっしゃって、ゴルフを始められるおつもりらしいよ」

「素晴らしいわねえ」

笑みをたたえながら、メイは勝利にあれこれと朝食の世話を焼いていた。

メイが六本木ヒルズレジデンスに入居してから、こうして勝利が出社前に立ち寄り朝食を食べていくようになった。いくら元気とはいえ、九十五を過ぎた母親が心配で、勝利は毎朝顔を見ずにはいられない。メイの方はというと、息子とゆっくり朝食をとりながらおしゃべりができるのがたまらなくうれしい。

若い頃は毎日がとにかく忙しく、子どもたちの食事も人まかせだった。今になってやっと、ふつうの親子団らんの食事時を楽しんでいる。

「私、今がいちばん幸せかもしれないわねえ」

ぽつりとそう言うと、勝利は、あははと笑った。

「お母さんは、昔から、いつもそう言っていたじゃないですか」

「あら、そうだったかしらね？」

メイも笑って明るい窓辺に目をやった。

新居は気に入っていた。こぢんまりと暮らしやすく、自社ビルは目の前。春になれば窓外の坂道に、まだ若い桜並木が一斉に花を咲かせた。

日野原重明先生との対話

六月二十六日、六本木ヒルズ「ハリウッドホール」で待望のフォーラムは開催された。題して「輝いて生きる　95歳×2」。

登壇した九十五歳のふたりは、それぞれしっかりと演台に立ち、マイクに向かって張りのある声で生い立ちを語った。

日野原医師の波瀾万丈の人生はすでに有名だった。戦争中、空襲で火傷を負った大勢の患者になすすべもなかった時の苦い思い。昭和四十五（一九七〇）年、赤軍派にハイジャックされた飛行機にたまたま乗り合わせ、生きて帰れない覚悟をしたこと。そして、平成七（一九九五）年の地下鉄サリン事件の時には、二時間の間に六百四十名もの患者を聖路加国際病院に収容する陣頭指揮を執った。

「子供に平和を呼びかける運動を展開しようと思っています」

講演の最後はそう結ばれた。

メイは大いに共感し、自らの講演でも、若い世代への期待と不安とを口にした。

「戦争は、起こらないことがいちばんよいですけれども、生き物には戦いがない時はありませんね。新聞を見ていると、日本でも今、人を傷つけたりずいぶんひどい問題が起きていますね」

同じ九十五歳の同志として、メイは日野原医師とともに、会場の聴衆に何が伝えられるかと頭を高速回転させていた。

司会にアナウンサーを迎え、第三部はメイと日野原医師の二人がそろってステージに現れた。それぞれの健康法や、生活の信条、人生の目標が語られながら、「輝いて生きる」ことの本質に迫っていった。

メッセージを、と言われ、メイはこのひと言を口にした。

「女はいつも楽しく、美しく」

日野原医師は、

「ビジョンを持って、達成感を味わうこと。朝起きた時、新しい今日に挑戦しよう、という、前向きの気持ちを持つことですよ」と語った。

その言葉を聞いて、メイが言葉を継いだ。

「女がきれいな国は、やはり栄えますね。日本がいま本当に幸せで、戦争もしないで豊かでいるということは、女性がきれいになったからですよ」

――そう、女が美しい国は戦争をしない。

そう語るうちにメイは、まだまだ最前線に立っていかねばならない、「年なんかとっていられない」という気になっていた。

まだまだやりたいことはたくさんあるわね

長男、精一の息子・直人は、商品企画・営業担当を歴任し、不動産管理の「ハリウッドサービス」の代表取締役社長としてグループの一翼を担うことになった。また、ニューヨークから帰国した孫の大輔は、メイと清人が築いてきた「ハリウッド」グループを未来へ向けて発展させるべく働き始めている。デザイナーとしてのスキルを駆使してアートディレクションやパブリシティを担当する一方、サロン経営全体を見直し、システムのデジタル化を軸に改革を進めていた。メイにとってよい話し相手でもある大輔に、

「まだまだ、若い人に伝えたいことがたくさんあるのよねぇ」

メイは時おり、そんなことをもらすようになった。

家族が心配するので、遠方での講演やテレビ出演は控えている。取材を受けるのは大歓迎だが、よく聞かれるのは、長い美容生活での苦労話と、長寿、健康の秘訣。そして、「やり残したことはありませんか?」という質問がよくあった。

聞かれるたびに思いめぐらした。いつだって、思い立ったら次の瞬間、もう実現に向かって走り出していた。やりたいことはすべて形にしてきた。

「だから私、やり残したことというのは、いっさいないのね。新しいことだったら、まだ

まだやりたいことはたくさんあるわね」

しかし、そう活発に出歩けなくなったことが、今のメイにはもどかしい。大輔はブログの開設を提案した。ブログの名は「メイ牛山の美容百科」（二〇一七年現在も公開中）。メイの話を聞き書きする形で、日々考えていることや、ふと思い出す戦前・戦後のことを記事にしていった。すると思った以上に反応があり、全国から、時には遠い国からもコメントが寄せられた。メイは大喜びで、プリントアウトしたものにルーペを当てて、ひとつひとつていねいに読んでいった。

その年の夏はとても暑く、メイには珍しく寝苦しい夜が続いた。

家族の勧めで入院した。秋に一度退院したが、過ごしやすい季節になるまでと、また十一月に入院。メイの病室からは、よく笑い声が響いていた。

若くて気立てのよい独身の医師がいると、良い相手がいるから会ってみないかと勧める。看護師の肌の悩みに答え、てきぱきと指導する。お見舞いのお菓子を持ってくる家族には、「これどこの？　もっと一流の店があるのに」と容赦ない。孫たちが立ち寄れば、「あなたこれ食べなさい、飲みなさい」と気を遣う。

病院の窓から見える空、雲、月。

「きれいねえ。やっぱり自然がいちばんねえ」

子どもの頃、防府でマーちゃんと歌った歌を口ずさむ。

年が明けたらすぐ、九十七歳の誕生日だ。

――今度は家族に何をご馳走してあげようかしら。

子どもたち、孫たち、ひ孫たち……。みんなの笑顔を思い浮かべると、「うふふ」とベッドでひとり、微笑んでしまう。


ある夜、メイは夢を見た。

そこは戦後、焼け跡の麻布材木町に開店したサロンだった。

淡いピンクの仕事着の美容師たちが、忙しく立ち働いている。

――いらっしゃいませ。どうもありがとうございました。まあ、お久しぶりでございます。またお会いできましたね。今日は、パーマネントをかけられますか？

女性たちの華やいだ声が飛び交う中、ひときわ張り切って働くマサコの姿がある。

小柄で弾けるような身のこなし。素早い手の動き。そして、この仕事が好きで好きでたまらない笑顔。

「いらっしゃいませ！」

鏡に向かっている客は、戦前から来ていた女優だ。戦争が終わり、また仕事を再開できる喜び。そして今もまだ美しくスクリーンに映えるかどうかを心配している。

「ご安心ください。どうぞゆったりなさってくださいい。私がきれいにしてさしあげます。この手にお任せくださいい！」

マサコの手が女優の黒髪にブラシをかけていく。

繊細な手の感触。

——もっと、もっと美しく。日本じゅうの女性を美しくするわ。

病院のベッドで、メイは両手を伸ばしていた。

見果てぬ先に、美しい国の、美しい女性たちの姿がある。

窓辺に落ちる月明かりに照らされて、メイの手は、やがてゆっくりと動きを止め、白いシーツの上にそろえられた。

メイは、静かに、眠るように息を引き取った。

エピローグ

――まあ、まあ、何てすごい人！　いったい何人いるのかしら？　二千人？　三千人？

年が明けて一月二十六日、メイの誕生日の翌日に、六本木のハリウッドビューティプラザで「偲ぶ会」が開かれた。五階のホールを会場としていたが、あっという間に入りきれないほどの人が詰めかけ、階段、教室をすべて開放してもまだ入りきれないほどになった。会社、学校関係者はもちろん、友人、一般のファン、学校卒業生……。六本木駅が大混雑し、「何のイベントですか」と駅員に問いかける人もいた。

ホールの祭壇、メイの遺影は大好きだったバラとオーキッドの花に囲まれていた。昨日の誕生日を祝うバースデイケーキにも蘭の花が添えられ、受付には絶筆となったメイの書「美にはすべてをかけよう」が置かれた。

森ビルの森稔社長（当時）、司葉子や、新田次郎の息子で数学者の藤原正彦が、それぞれの思い出を語り、マイク眞木は「バラが咲いた」を歌い、捧げた。

――泣いている人が、たくさんいるわね。私のために？

気がつくとメイは、船の欄干にいた。

遠ざかる人びとの顔。子どもたち、孫たち。長年のお客様も……しだいに見えなくなっていく。

「ハハ、涙ぐんでいるのか」

若い清人の声がした。

隣を見ると、白い麻のスーツを着た清人が微笑んでいる。

「まあ、あなた……」

「船出というのは、いつだってわくわくするものだよ」

「ええ。……わくわくしているわ」

仕立ておろしの洋服をまとったメイは、帽子のベールを上げて、清人にもたれた。

「あなた……。私、あなたにずっと、ずっと聞きたかったことがあるんです」

「ああ。わかっていたよ」

メイの肩を抱くハリーの手に、温かい力がこもった。

それが答えだった。

メイとハリーの行く先に、大海原が、どこまでも広がっていた。

祖母・メイ牛山について

思いついたらやってみる――

祖母はとても直感的な人でした。

まず、行動する。次々に浮かぶアイディアを書き留めたり、絵を描いてみる。

車に乗っていても、テレビを観ていても、出演者や市井《しせい》の人の顔つきや服装、ヘアスタイルなどにピンときたら、コメントしたり、メモしていました。

そんな姿が目に浮かびます。

テレビに出演した時には、予想もつかないようなリアクションでスタジオを沸かせてくれました。

それは単なる自己主張でも、奇をてらったものでもなく、感性が直感的な祖母そのものだったと思います。

祖母が若かった頃は、今のようにインターネットなど無い時代でしたから、人から伝え

聞いたり、書物から得る情報以上に自らが体験し、数えきれないフィールドワークをこなしていくことが、祖母の血となり肉となり、あの直感が生まれたかと思います。
常に五感で自然を感じ、自分の感性として高めていくエネルギッシュな人でした。
祖母が亡くなって早いもので十年経ちました。今でも生活の中で、ふと祖母の直感メッセージが現れ、勇気をくれ、背中を押してくれます。「思いついたらまず、やってみる」という生き方の祖母に感謝です。

二〇一七年　初秋　瀬津櫻子

謝辞

本書を執筆するにあたり、ハリウッドグループの現社員の皆さん、ＯＢ・ＯＧの皆さん、メイ牛山さんのご家族の皆さん、また女優の司葉子さんから貴重なお話をうかがえましたことに厚くお礼を申し上げます。添野博さんからは創業時からの古く貴重な資料をご提供いただきました。またハリウッド株式会社・広報の高野絵美さんは膨大な資料を丹念に整理してくださり、講談社の依田則子さんとともに、繊細かつ丁寧なご協力をいただきました。どうもありがとうございました。

二〇一七年初秋　小川智子

〈参考文献〉

『防府市史』防府市教育委員会、『防府歴史・文化財読本〜ほうふ学入門』防府市教育委員会編・刊
『塩田の運動会』(日本傑作絵本シリーズ)那須正幹作、田頭よしたか画/福音館書店
『セッシュウ! 世界を魅了した日本人スター・早川雪洲』中川織江/講談社
『聖林(ハリウッド)の王 早川雪洲』野上英之/社会思想社
『鶴子と雪洲――ハリウッドに生きた日本人』鳥海美朗/海竜社
『日本都市戦災地図』第一復員省資料課編/原書房、『日本空襲の全貌』平塚柾緒編著/洋泉社
『流れる星は生きている(中公文庫)』藤原てい/中央公論新社
『わが夫 新田次郎』藤原てい/新潮社、『旅路(中公文庫)』藤原てい/中央公論新社
『小説に書けなかった自伝』新田次郎/新潮社
『お天気博士 藤原咲平』(NHKブックス(426)和達清夫・高橋浩一郎・根本順吉編著/日本放送出版協会
『渦・雲・人 藤原咲平伝』根本順吉/筑摩書房、『雲をつかむ話』藤原咲平/岩波書店
『ヒコベエ(新潮文庫)』藤原正彦/新潮社
『冬の薔薇――写真家秋山庄太郎とその時代』山田一廣/神奈川新聞社
『清里の父 ポール・ラッシュ伝』山梨日日新聞社編/ユニバース出版社
『化粧の日本史:美意識の移りかわり(歴史文化ライブラリー 427)』山村博美/吉川弘文館
『図説 戦時下の化粧品広告 1931-1943』石田あゆう/創元社
『新食事療法全書』栗山毅一・栗山三郎/いわしや中山医療器本舗出版部
『ハリウッド八十年通史』ハリウッド株式会社
『牛山清人の世界』ジェニー牛山/学校法人メイ・ウシヤマ学園
『創るということ メイ牛山の世界』メイ牛山、ジェニー牛山監修/ハリウッド美容専門学校出版部
『毎日生きているのが楽しくてしかたがないわ。』ジェニー牛山/学校法人メイ・ウシヤマ学園
ブログ「メイ牛山の美容百科」http://blogs.yahoo.co.jp/mayushiyama1911

(メイ牛山の数多くの著作から、特に)
『幸福の計画 幸せを実現させるための分析と方法』主婦と生活社
『女がはたらくとき しあわせな家庭をきずく本』三笠書房
『きれいな女になあれ――女って、生きるって、こんなに楽しい!』日本教文社
『きれいは命の輝き 女は年齢をとるほどおもしろい』ジェニー牛山共著/グラフ社
『輝いて生きる 95歳×2――チャリティーフォーラム 講演と対談』日野原重明共著、ジェニー牛山監修/同友館

小川智子（おがわ・ともこ）
脚本家。北海道札幌市生まれ。
おもな脚本作品に、
映画『イノセントワールド』
『天使に見捨てられた夜』
『狼少女』『最低。』、
テレビドラマ「スカイハイ」
「恋して悪魔」「無痛」、
著書に『ストグレ！』（講談社）
などがある。

女《おんな》が美《うつく》しい国《くに》は戦争《せんそう》をしない
美容家《びようか》メイ牛山《うしやま》の生涯《しょうがい》

二〇一七年一〇月二四日　第一刷発行

著者　小川智子《おがわともこ》

発行者　鈴木 哲
発行所　株式会社 講談社
東京都文京区音羽二丁目一二―二一　郵便番号一一二―八〇〇一
電話　編集〇三―五三九五―三五二二
販売〇三―五三九五―四四一五
業務〇三―五三九五―三六一五

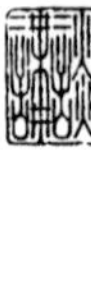

ブックデザイン　鈴木成一デザイン室
企画協力・写真提供　ハリウッドグループ
編集　依田則子
印刷所　慶昌堂印刷株式会社
製本所　株式会社国宝社

ISBN 978-4-06-220685-3 287p 18cm